国家出版基金项目
NATIONAL PUBLICATION FOUNDATION

国家出版基金资助项目
中宣部2018年主题出版重点出版物
“中华民族伟大复兴中国梦”系列丛书

ZHONGGUO TESE SHEHUI ZHUYI DE FAZHAN ZHANLÜE

中国特色社会主义的发展战略

丛书主编：郑德荣　李　蓉　孔德生

孔德生　张博瑛　许革晨／著

吉林出版集团股份有限公司
全国百佳图书出版单位

图书在版编目（C I P）数据

中国特色社会主义的发展战略 / 孔德生，张博瑛，许革晨著. -- 长春：吉林出版集团股份有限公司，2018.12（2019.11重印）
（中华民族伟大复兴中国梦系列丛书 / 郑德荣，李蓉，孔德生主编）

ISBN 978-7-5581-6053-0

Ⅰ. ①中… Ⅱ. ①孔… ②张… ③许… Ⅲ. ①中国特色社会主义—发展战略—研究 Ⅳ. ①D616

中国版本图书馆CIP数据核字（2018）第296238号

中国特色社会主义的发展战略
ZHONGGUO TESE SHEHUI ZHUYI DE FAZHAN ZHANLÜE

总 策 划：姚玉和 杨学忠
策 划：周海英 耿 宏 刘文辉
丛书主编：郑德荣 李 蓉 孔德生
本册著者：孔德生 张博瑛 许革晨
责任编辑：宫志伟 邢 扬
责任校对：崔博华 矫黎晗 金 昊
装帧设计：长春金鼎设计印务有限公司
技术编辑：傅广岩 张 帅 刘美丽 李 鑫
出 版：吉林出版集团股份有限公司
发 行：吉林出版集团社科图书有限公司
电 话：0431-81629712
印 刷：长春新华印刷集团有限公司
开 本：710mm×1000mm 1/16
字 数：200千字
印 张：15
版 次：2018年12月第1版
印 次：2019年11月第2次印刷
书 号：ISBN 978-7-5581-6053-0
定 价：35.00元

目　录

引　言

中国特色社会主义发展战略，是以不断增强综合国力为目标，促进政治、经济、文化、社会、生态等方面全面协调可持续发展而制定的一系列重大战略决策。中国特色社会主义发展战略以战略环境为基础、以战略指导思想为灵魂、以战略布局和战略措施为落脚点，具有政治性、统领性、统筹性、稳定性等特征。它是数代（届）中央领导集体在深刻把握世情与国情，将经济社会发展一般规律同中国具体实际有机结合的基础上提出的，伴随着中国特色社会主义的发展不断得到深化，内涵愈加丰富。党在不同时期制定的发展战略，符合我国不同发展阶段的具体情况，并有力地推动了中国特色社会主义事业的繁荣发展。

中国特色社会主义发展战略以战略环境为基础。国际国内环境是制定发展战略的重要依据，当今世界形势复杂多变，我国发展面临的挑战更加严峻。同时，我国又处于发展的重要战略机遇期，社会主要矛盾由“人民日益增长的物质文化需要同落后社会生产之间的矛盾”变为“人民日益增长的美好生活需要和不平衡不充分的发展之间的矛盾”。我国社会的主要矛盾虽然发生了变化，但我国社会主义所处的历史阶段并没有改变，我国仍处于并将长期处于社会主义初级阶段的基本国情没有变，我国是世界上最大的发展中国家的国际地位没有变，新时代仍然是在社会主义初级阶段这个总阶段中的新时代。

中国特色社会主义发展战略以战略指导思想为灵魂。习近平总书记指出："实现中华民族伟大复兴，就是中华民族近代以来最伟大的梦想。这个梦想，凝聚了几代中国人的夙愿，体现了中华民族和中国人民的整体利益，是每一个中华儿女的共同期盼。"实现中华民族伟大复兴的中国梦，要坚持用马克思列宁主义、毛泽东思想、邓小平理论、"三个代表"重要思想、科学发展观、习近平新时代中国特色社会主义思想指导中国特色社会主义发展战略的制定与实施。要在新的时代条件下坚持和发展中国特色社会主义，不断把党和国家事业推向前进，就要坚持以习近平新时代中国特色社会主义思想为指导，贯彻新发展理念，坚持用"四个全面"的战略布局指导实践。

中国特色社会主义发展战略以战略布局和战略措施为落脚点。我国在不同发展阶段以阶段性目标为导向，制定并实施了不同的发展战略，有力地促进了经济社会各方面全面发展。中国特色社会主义发展战略的战略布局，坚持政治、经济、文化、社会、生态建设"五位一体"的总布局和"四个全面"的战略布局。"四个全面"战略布局，既有战略目标也有战略举措，每一个"全面"都具有重大战略意义，是我们党在新形势下治国理政的总方略，是事关党和国家长远发展的总方略。

中国特色社会主义发展战略，其任务是依据国际国内情况，综合运用政治、经济、军事、科技、文化等国家力量，筹划指导国家建设与发展，维护国家安全、长久发展。自改革开放以来，我国先后针对不同发展时期制定和实施了一系列国家级发展战略，这些发展战略应用到具体的社会主义现代化建设中，成功解决了发展中的诸多问题，促成了发展目标的实现。从我国发展战略的演变来看，改革开放后实施的发展战略大体分为三个阶段。第一阶段是以改革开放为基本脉络制定发展战略，强调以经济建设为中心，发展生产力，时间段是1980年到1990年。此时的发展战略主要以经济建设为中心进行制定，如邓小平的“三步走”发展战略。第二阶段是在扩大开放的大环境下制定发展战略的，时间段是1990年到2004年。此阶段提出了科教兴国战略、人才强国战略、区域协调发展战略、可持续发展战略和依法治国基本方略。第三阶段是在深化改革开放背景下制定的发展战略，时间段是2004年至今。这一时期呈现出多项发展战略协调实施的局面，新的发展战略相继提出，前两个阶段的发展战略继续深化。

十八大以来，以习近平为核心的党中央结合新的时代条件和实践要求，紧扣“五大发展理念”和“四个全面”的战略布局，在对共产党执政规律、社会主义建设规律、人类社会发展规律深刻认识的基础上，进行艰辛理论探索，取得了一系列重大理论创新成果，形成了习近平新时代中国特色社会主义思想。围绕“坚持和发展什么样的中国特色社会主义、怎样坚持和发展中国特色社会主义”这一重大时代课题，提出了乡村振兴战略、创新驱动发展战略、军民融合发展战略、健康中国战略等多项国家级发展战略，并进一步丰富和发展了科教兴国战略、人才强国战略、区域协调发展战略等发展战略。十九大报告指出，中国特色社会主义进入新时代，要实现建设社会主义现代化和中华民族伟大复兴中国梦的宏伟目标，必须以新时代中国特色社会主义思想为指导，促进发展战略的贯彻和落实，实现中国特色社会主义事业的整体性进步。

第一章
中国特色社会主义的发展理念

在人类漫长的历史上，人们对“何谓发展、为何发展、如何发展”这一关系到人类生存和发展的历史性课题进行了不懈的探索和实践。随着时代的变迁、文明的进步、实践的创新，人类关于发展的思维不断演进。发展问题历来是人类不断探索的主题，是当今世界任何一个国家都必须关注的焦点和努力的方向，它既是人类共同关注的重大理论问题，也是关系到人类生死存亡的重大实践问题。自从有人类历史以来，人类就开始面临发展的难题，并一直在为自身的发展而不懈努力。但在人们追求快速发展、高速发展的进程中，也出现了许多需要反思的问题，如生态危机、环境恶化、人生意义危机等。那么，什么是发展？发展的目的何在？发展观是什么？在坚持马克思主义理论与中国实际相结合的条件下，马克思主义的辩证发展观为我们的社会主义建设提供了怎样的理论支持？这一系列问题亟待学术界作出明确回答。

一、发展与发展观释义

（一）发展内涵

首先，从发展本身来讲，发展是“自己”的运动、“对立面的统一”。从严格的学术意义上讲，发展是哲学术语，发展这个概念有广义和狭义之分。广义的发展是指事物由小到大、由简到繁、由低级到高级、由旧物质到新物质的运动变化过程。事物的发展原因是事物联系的普遍性，事物发展的根源（或根本原因）是事物的内部矛盾，即事物的内因。唯物辩证法认为，物质是运动的物质，运动是物质的运动，运动是物质的根本属性。发展的本质是新事物的产生和旧事物的灭亡，也就是新事物代替旧事物。狭义的发展是指那些处于欠发达状态的国家和地区通过发展经济、变革社会而走向发达状态的历程。我们这里所说的发展就是从狭义这个角度来讲的。

当然，发展也不能仅限于经济发展的狭隘视域，社会发展是一个复杂的系统工程，在发展过程中要全面地兼顾到系统构成的各个要素。社会系统本身就是由经济、政治、文化等子系统组成的一个大系统，这些子系统相互联系、相互制约、相互作用，决定着社会大系统的整体功能状况，社会的发展是一个全面发展的过程。社会内部的任何一个事物都不是孤立存在的，而是处在与其他事物的普遍联系之中，事物一旦离开与其他事物的联系，就谈不上发展。因此，社会发展又是一个协调发展的过程。

科学发展观明确提出发展的根本目的乃是人的发展，是“作为目的本身的人类能力的发展”。发展是现实的人的发展，而现实的人是有生命的活动，而绝不仅仅是创造交换价值的商品。马克思指出：人的发展是一种全面的发展，即“人以一种全面的方式，也就是说，作为一个完整的人，占有自己的全面的本质”①。“每个人的自由发展是一切人的自由发展的条件。”②

（二）发展观内涵

尽管人类社会的发展是一个不以人的意志为转移的客观过程，但是人们对发展及其规律的认识，直接影响着一个国家发展战略的制定，影响着发展道路的选择与确定。换句话说，树立什么样的发展观，是一个十分重要的问题。发展观是关于发展的本质、目的、内涵和要求的总体看法和根本观点。发展观是用来指导发展的，树立什么样的发展观，将严重影响一个国家的发展方向、发展程度、发展水平以及发展的后果。正确的或科学的发展观将有力促进经济发展和社会进步，错误的或片面的发展观将带来一系列严重的后果。

人类社会“历史的发展像自然的发展一样，有它自己的内在规律”③。“正像达尔文发现有机界的发展规律一样，马克思发现了人类历史的发展规律”④，形成了以社会生产力的发展为根本基础、以社会基本矛盾运动为根本动力、以社会形态的发展和更替为历史演进过程的社会发展观。马克思由于把现代唯物主义贯彻到底，也就是把他对自然界的认识，推广到对

①《马克思恩格斯全集》（第四十二卷），人民出版社，1979，第123页。
②《马克思恩格斯全集》（第三十九卷），人民出版社，1974，第189页。
③《马克思恩格斯全集》（第二十一卷），人民出版社，1965，第389页。
④《马克思恩格斯选集》（第三卷），人民出版社，1995，第776页。

人类社会的认识而创立的历史唯物主义，是“科学思想中的最大成果”[①]，是揭示人类社会发展的一般规律和历史总趋势的科学发展观。但也如恩格斯所指出的，“我们的理论不是教条，而是对包含着一连串互相衔接的阶段的发展过程的阐明”[②]。“我们的理论是发展着的理论,而不是背得烂熟并机械地加以重复的教条。”[③]列宁也指出,“马克思的全部理论,就是运用最彻底、最完整、最周密、内容最丰富的发展论去考察现代资本主义。自然，他也就要运用这个理论去考察资本主义的即将到来的崩溃和未来共产主义的未来的发展”[④]。列宁认为,发展既是“对立面的斗争”,又是“对立面的统一”[⑤]，是唯物辩证法的发展观。列宁强调发展不是简单的重复，而是在更高基础上的重复；发展不是单纯的量变，而是包含着质变、革命和飞跃式的剧变；发展源于事物的内因或内部矛盾。

（三）马克思主义辩证的发展观为社会主义建设提供理论支持

马克思主义是科学，始终严格地以客观事实为根据。而实际生活总在不停地变动，这种变动的剧烈和深刻近100多年来达到了前人难以想象的程度。因此，马克思主义必定随着时代、实践和科学的发展而发展，不可能一成不变。“马克思主义一定要向前发展，要随着实践的发展而发展，不能停滞不前。停止了，老是那么一套，它就没有生命了。”[⑥]毛泽东指出：“马克思主义者认为人类的生产活动是最基本的实践活动，是决定其他一切活动的东西。人的认识，主要地依赖于物质的生产活动，逐渐地了

①《列宁选集》（第二卷），人民出版社，1995，第311页。
②《马克思恩格斯选集》（第四卷），人民出版社，1995，第680页。
③《马克思恩格斯选集》（第四卷），人民出版社，1995，第681页。
④《马克思主义经典著作选读》，人民出版社，1999，第410页。
⑤《列宁选集》（第二卷），人民出版社，1995，第557页。
⑥《毛泽东文集》（第七卷），人民出版社，1999，第281页。

解自然的现象、自然的性质、自然的规律性、人和自然的关系；而且经过生产活动，也在各种不同程度上逐渐地认识了人和人的一定的相互关系。一切这些知识，离开生产活动是不能得到的。”[①]“唯物辩证法的宇宙观主张从事物的内部、从一事物对他事物的关系去研究事物的发展，即把事物的发展看作是事物内部的必然的自己的运动，而每一事物的运动都和它的周围其他事物互相联系着和互相影响着。事物发展的根本原因，不是在事物的外部而是在事物的内部，在于事物内部的矛盾性。任何事物内部都有这种矛盾性，因此引起了事物的运动和发展。”[②]

从马克思主义哲学来讲，发展还应当是辩证的发展，科学发展观就是发现矛盾、认识矛盾、解决矛盾的辩证发展观。矛盾是事物存在的普遍法则，是事物发展的根本原因，旧矛盾解决了，新矛盾又出来了，往复循环，事物在矛盾的推动下不断向前发展。社会发展也遵循这一法则，在矛盾的运动中前进。只有唯物辩证法的发展观，“才提供理解一切现存事物的‘自己运动’的钥匙，才提供理解‘飞跃’‘渐进过程的中断’‘向对立面转化’、旧东西的消灭和新东西的产生的钥匙”[③]。因为，唯物辩证法所揭示的是“关于自然、人类社会和思维的运动和发展的普遍规律的科学”[④]。毛泽东特别指出：“世界是由矛盾组成的。没有矛盾就没有世界。我们的任务，是要正确处理这些矛盾。这些矛盾在实践中是否能完全处理好，也要准备两种可能性，而且在处理这些矛盾的过程中，一定还会遇到新的矛盾、新的问题。但是，像我们常说的那样，道路总是曲折的，

---

①《毛泽东选集》（第一卷），人民出版社，1991，第282—283页。
②《毛泽东选集》（第一卷），人民出版社，1991，第301页。
③《列宁选集》（第二卷），人民出版社，1972，第712页。
④《马克思恩格斯选集》（第三卷），人民出版社，1995，第484页。

前途总是光明的。”[①]

发展观是马克思主义理论十分重要的思想，是辩证唯物主义和历史唯物主义的根本原理。是否承认发展，坚持什么样的发展观，是区分唯物辩证法和形而上学的主要标志，也是区分马克思主义和非马克思主义的重要分界线。邓小平曾讲道：“解放思想，开动脑筋，实事求是，团结一致向前看，首先是解放思想。只有思想解放了，我们才能正确地以马列主义、毛泽东思想为指导，解决过去遗留的问题，解决新出现的一系列问题，正确地改革同生产力迅速发展不相适应的生产关系和上层建筑，根据我国的实际情况，确定实现四个现代化的具体道路、方针、方法和措施。”[②]解放思想是树立正确的发展观的前提，只有解除束缚经济社会发展的各种落后保守的思想观念，才能扫除前进道路上的思想上、观念上的障碍，为我国的社会主义现代化作出贡献。十六大明确提出了“坚持以人为本，树立全面、协调、可持续的发展观，促进经济社会和人的全面发展”[③]的新的科学发展的思想，这是对马克思主义唯物辩证法思想的重大发展，是我国在社会主义现代化建设进程中的重大突破。十八大以来，以习近平为核心的中央领导集体，围绕社会主义经济建设发表了一系列重要论述和讲话，形成了习近平新时代中国特色社会主义思想。习近平总书记关于发展的思想和理论，是马克思主义发展观同中国实际相结合产生的最新理论成果，指引中国特色社会主义建设不断取得辉煌成果。党的十九大报告指出：“坚持新发展理念。发展是解决我国一切问题的基础和关键，发展必须是

①《毛泽东文集》（第七卷），人民出版社，1999，第44页。
②《邓小平文选》（第二卷），人民出版社，1994，第141页。
③《改革开放三十年重要文献选编》，人民出版社，2008，第1349页。

科学发展，必须坚定不移贯彻创新、协调、绿色、开放、共享的发展理念。”[①]五大发展理念是对科学发展的继承和拓展，是发展全新的内涵，涉及范围更加全面，更加注重全方位协调促进，为我国新时期的现代化建设提供了理论指导。

二、科学发展的基本理念

（一）科学发展观内涵

“坚持以人为本，树立全面、协调、可持续的发展观，促进经济社会和人的全面发展。”[②]这是2003年党的十六届三中全会对科学发展观作出的表述，是党在以邓小平理论和“三个代表”重要思想为指导，总结经济和社会发展规律获得的经验，是党立足现实对未来发展作出科学规划而提出的伟大战略思想。而在十六届五中全会上，党中央进一步提出了制定“十一五”规划要坚定不移地以科学发展观统领经济社会发展大局。进而，在2004年3月10日，胡锦涛在《中央人口资源环境工作座谈会上的讲话》指出了科学发展观的基本内容和实质特征，“坚持以人为本，全面、协调、可持续的发展观，是我们以邓小平理论和‘三个代表’重要思想为指导，从新世纪新阶段党和国家事业发展全局出发提出的重大战略思

①习近平：《决胜全面建成小康社会　夺取新时代中国特色社会主义伟大胜利——在中国共产党第十九次全国代表大会上的报告》，人民出版社，2017，第21页。

②《中共中央关于完善社会主义市场经济体制若干问题的决定》，《人民日报》2003年10月22日。

想”[①]。

在十七大报告中，党中央对科学发展观的内涵、核心、要求、方法等作了总结和概括，报告指出：“科学发展观，第一要义是发展，核心是以人为本，基本要求是全面协调可持续，根本方法是统筹兼顾。”[②]同时，在报告中对以人为本作了更加具体的阐述，“坚持以人为本……要始终把实现好、维护好、发展好最广大人民的根本利益作为党和国家一切工作的出发点和落脚点，尊重人民主体地位，发挥人民首创精神，保障人民各项权益，走共同富裕道路，促进人的全面发展，做到发展为了人民、发展依靠人民、发展成果由人民共享”[③]；对统筹兼顾的具体阐述则是，“要正确认识和妥善处理中国特色社会主义事业中的重大关系，统筹城乡发展、区域发展、经济社会发展、人与自然和谐发展、国内发展和对外开放，统筹中央和地方关系，统筹个人利益和集体利益、局部利益和整体利益、当前利益和长远利益，充分调动各方面积极性”[④]。

2011年胡锦涛在庆祝中国共产党成立90周年大会上的讲话指出，“我们要以科学发展为主题，以加快转变经济发展方式为主线，更加注重以人为本，更加注重全面协调可持续发展，更加注重统筹兼顾，更加注重改革开放，更加注重保障和改善民生，加快经济结构战略性调整，加快科技进

①中共中央文献研究室编《十六大以来重要文献选编》（上），中央文献出版社，2005，第849—850页。

②胡锦涛：《高举中国特色社会主义伟大旗帜　为夺取全面建设小康社会新胜利而奋斗——在中国共产党第十七次全国代表大会上的报告》，人民出版社，2007，第15页。

③胡锦涛：《高举中国特色社会主义伟大旗帜　为夺取全面建设小康社会新胜利而奋斗——在中国共产党第十七次全国代表大会上的报告》，人民出版社，2007，第15页。

④胡锦涛：《高举中国特色社会主义伟大旗帜　为夺取全面建设小康社会新胜利而奋斗——在中国共产党第十七次全国代表大会上的报告》，人民出版社，2007，第16页。

步和创新，加快建设资源节约型、环境友好型社会”①。

2015年10月，习近平总书记指出：“发展是基础，经济不发展，一切都无从谈起。……实现全面建成小康社会奋斗目标，仍然要把发展作为第一要务，努力使发展达到一个新水平。发展是硬道理的战略思想要坚定不移坚持，同时必须坚持科学发展，加大结构性改革力度，坚持以提高发展质量和效益为中心，实现更高质量、更有效率、更加公平、更可持续的发展。”②

2017年10月，习近平总书记在作十九大报告时再次强调坚持科学发展的重要性，指出要坚持新发展理念，发展更高层次的开放型经济。科学发展观的内涵随着时代的发展和社会主义现代化建设事业的新要求不断丰富，并保持着强大的生命力，与时代同步，与发展同步，顺应发展大潮，回应时代呼声。

（二）贯彻科学发展观是发展社会主义的必然要求

科学发展观是人类经济社会发展到一定阶段的客观需要。在列宁看来，所谓科学发展观，就是新唯物主义的方法论和世界观，这种唯物主义既是实践的，又是辩证的，同时也是历史的，即他所指的“现代唯物主义”③。发展观是否科学，关键看承认不承认事物的内在矛盾是事物运动、发展的源泉；承认不承认事物的运动、发展不仅有量变，而且有渐进过程的中断、飞跃、质变；科学发展观的规律不仅适用于人类社会，同时

①胡锦涛：《在庆祝中国共产党成立90周年大会上的讲话》，人民出版社，2011，第20页。
②《十八大以来重要文献选编》（中），中央文献出版社，2016，第828页。
③《列宁全集》（第十八卷），人民出版社，1988，第137页。

适用于自然界、人类认识与思维。毛泽东认为："中国一切政党的政策及其实践在中国人民中所表现的作用的好坏、大小，归根到底，看它对于中国人民的生产力的发展是否有帮助及其帮助之大小，看它是束缚生产力的，还是解放生产力的。"①"只要我们更多地懂得马克思列宁主义，更多地懂得自然科学，一句话，更多地懂得客观世界的规律，少犯主观主义错误，我们的革命工作和建设工作，是一定能够达到目的的。"②毛泽东早在1962年的"七千人大会"上就指出："至于建设强大的社会主义经济，在中国，五十年不行，会要一百年，或者更多的时间。……中国的人口多、底子薄，经济落后，要使生产力很大地发展起来，要赶上和超过世界上最先进的资本主义国家，没有一百多年的时间，我看是不行的。"③然而，在那个"以阶段斗争为纲"的年代里，"宁要社会主义的草，不要资本主义的苗"，不可能坚持经济建设这个中心，所以，发展观的演进也就不可能进入科学的轨道。十一届三中全会之后，中国改革开放的总设计师邓小平坚持以经济建设为中心，坚持发展是硬道理。他指出："我赞成劲可鼓不可泄。但是要强调一点，我们需要的是鼓实劲，不是鼓虚劲。就是说，我们的工作要扎实，效果要实实在在。所谓鼓实劲，不鼓虚劲，拿科学的语言来说，就是按客观规律办事。经济工作要按经济规律办事，不能弄虚作假，不能空喊口号，要有一套科学的办法。"④

科学发展观正是坚持了马克思主义生产力在社会发展过程中起最终决定作用的观点。马克思主义认为，"人们所达到的生产力的总和决定着社

①《毛泽东选集》（第三卷），人民出版社，1991，第1079页。
②《毛泽东文集》（第六卷），人民出版社，1999，第393页。
③《毛泽东文集》（第八卷），人民出版社，1999，第301—302页。
④《邓小平文选》（第二卷），人民出版社，1994，第196页。

会状况”，“物质生活的生产方式制约着整个社会生活、政治生活和精神生活的过程”。[①]人类历史的发展，其内在的根本动力是生产力的发展。一个政党的先进性，也体现在是不是能够真正代表先进生产力发展的要求。革命是推翻旧的生产关系，目的是适应生产力发展的要求，打破束缚生产力发展的桎梏；建设、改革的目的仍然是解放和发展生产力。

邓小平指出：“实事求是，是无产阶级世界观的基础，是马克思主义的思想基础。过去我们搞革命所取得的一切胜利，是靠实事求是；现在我们要实现四个现代化，同样要靠实事求是。”[②]坚持解放思想、实事求是本质上就是要求我们党在领导人民进行社会主义现代化建设过程中坚持马克思主义的活的灵魂，坚持做到科学决策，科学规划，科学发展。“发展是硬道理”“发展是执政兴国第一要务”，是中国共产党准确把握住了人类社会发展的基本规律的深刻认识，也是历史经验的总结。改革开放以来，我国就走上了飞速发展的快车道，取得了举世瞩目的伟大成就。但最初注重的是速度的提高、总量的扩张，注重产出数量上的增加，主要依靠增加资源投入和消耗来实现经济增长转变，经济运行中一些长期积累的突出矛盾和问题还没有得到根本解决，同时又出现了一些新的情况和新的问题。由于这样那样的原因，在人与自然、经济与社会、城市与农村、区域与区域、国内建设与外部环境等方面也积累了不少矛盾，出现了许多不平衡，有的还相当尖锐、突出，成为我国实现可持续发展过程中的瓶颈。这些矛盾如不能及时、很好地加以解决，就可能影响到社会的和谐与稳定，甚至导致社会动荡，导致现代化进程中断。新时期，以习近平为核心的党

①《列宁选集》（第二卷），人民出版社，2012，第424页。
②《邓小平文选》（第二卷），人民出版社，1994，第143页。

中央，将“创新、协调、绿色、开放、共享”五大发展理念融入发展中去，坚持科学发展，走全面、协调、可持续发展之路，这是科学发展观的全新诠释。

（三）科学发展观的实现途径与重大意义

1. 全面发展

所谓全面发展，就是按照中国特色社会主义事业总体布局，以经济建设为中心，全面推进经济建设、政治建设、文化建设、社会建设、生态建设“五位一体”，实现经济发展和社会全面进步。全面发展就是要把经济社会发展看成一个有机联系的整体，把握好经济、政治、文化、社会和生态等各个方面的发展问题，做到正确处理社会主义现代化建设中的一系列重大关系，在大力推进经济发展的同时解决好与经济增长相关联的各种社会问题，促进经济文明、政治文明、精神文明、社会文明、生态文明的共同进步，谋求国家经济、政治、文化、社会、生态的全面发展。全面发展观突破了过去把发展简单理解为经济增长，而忽视社会和人的全面发展的理论误区，纠正了形而上学片面的思维方式，扬弃和超越了传统的发展理念。其辨证性、合理性主要表现在一方面强调社会发展是经济、政治、文化、社会和生态的全面协调发展，另一方面强调社会发展是为了人的发展。因为人类的社会生活主要表现为物质生活、政治生活和精神生活，所以作为发展的社会就不是单一的经济运行过程，而是经济、政治、文化、社会、生态相互联系、相互制约、共同发展的过程。同时，经济增长、科技进步、政治制度的演进等不过是实现人的发展的手段，是为人的发展创造更好的社会环境，而人的全面发展才是真正的目的。如果追求单纯的经济增长，是不可能自然而然地给人们带来普遍的福祉的。相反，会伴随着人的失落、“人不在场”等负面效应，引发一系列的贫富差距、政治动荡和信仰危机等社会问题。

社会主义社会是全面发展、全面进步的社会，是与马克思主义的基本原理相吻合的。马克思、恩格斯根据现代社会发展的客观规律，提出了全面发展的学说。马克思主义发展观中的一个重要的内容就是强调人的全面发展是社会发展的最高目标。马克思主义发展观的实质问题就是如何看待人的发展的问题。人的发展不仅应当是全面的，而且应当是自由的，马克思称之为“每个人的全面而自由的发展”①。人的自由发展与全面发展两者之间是密切相关、相互促进的。自由发展是全面发展的前提和条件，没有人的独立性和自主性，就不可能实现人的丰富性和完整性。全面发展是自由发展的必然结果和重要条件。只有不断地促进人的全面发展，才能更好地保持人的独立性和自主性。马克思主义历来把每个人自由而全面的发展，当作自己的理想目标。马克思主义关于人的全面发展学说是一个完整的理论体系，涉及丰富而广泛的领域。推而广之，在中国特色社会主义建设中，经济建设提供物质基础，政治建设提供政治保证，文化建设提供精神动力和智力支持，社会建设提供有利的社会环境和条件，生态建设提供发展的持续动力。它们之间相互依存，紧密联系，不可分割，忽视其中任何一个部分都会影响到中国特色社会主义现代化建设的持续健康发展。

早在改革开放初期，邓小平运用唯物辩证法的思想，强调中国特色社会主义必须“两手抓”“两手都要硬”：一手抓物质文明，一手抓精神文明；一手抓改革开放，一手抓民主法制；一手抓经济建设，一手抓文化

①《马克思恩格斯选集》（第二卷），人民出版社，1995，第239页。

教育，以此来推动中国特色社会主义现代化建设事业的全面发展和进步。进入20世纪90年代，以江泽民为核心的党中央强调发展是社会主义物质文明、政治文明和精神文明的全面发展，建设中国特色社会主义是经济、政治、文化全面发展的过程，是物质文明、政治文明、精神文明全面建设的过程。“三个代表”重要思想也强调发展的全面性：促进区域经济合理布局和协调发展，物质文明、政治文明、精神文明要相互促进、全面发展，把改革的力度、发展的速度和社会可承受的程度协调统一起来。

十八大以来，以习近平为核心的党中央进一步指出全面协调发展的重要性。在新世纪新阶段，面对新的国际国内形势，要实现中国特色社会主义事业的全面健康发展，全面建成小康社会，必须坚持以新发展理念为指导。实现中国梦，就必须从过去“三位一体”的建设格局扩展为经济建设、政治建设、文化建设、社会建设和生态建设“五位一体”的总体发展格局。按照中国特色社会主义事业总体布局，全面推进经济建设、政治建设、文化建设、社会建设、生态建设，把社会建设纳入总体发展之中，为社会主义现代化建设创造良好的社会环境，把社会和谐作为我国发展的重要目标和必要条件，努力促进现代化建设各个环节、各个方面相协调，实现速度和结构、质量、效益相统一，经济发展与人口资源环境相协调，使人民在良好生态环境中生产生活，实现经济社会永续发展。

发展应当是全面协调可持续的科学发展。全面发展实质上就是着眼于为人的发展创造社会条件。2016年12月，习近平总书记在致“纪念《发展权利宣言》通过30周年国际研讨会”的贺信中指出，“多年来，中国坚持以人民为中心的发展思想，把增进人民福祉、保障人民当家作主、促进人的全面发展作为发展的出发点和落脚点，有效保障了人民发展权益，走出了一条中国特色人权发展道路”[①]。面对新的历史任务，我们必须坚持科学发展理念，坚持以人为本，提供良好的经济、政治和人文环境，促进人的全面发展。事实证明，单一发展、片面发展、只顾眼前利益不顾长远利益的发展、先污染后治理的发展，都不是科学的发展。这样的发展不可避免地会给经济社会的发展带来各种消极后果，最终导致经济社会的畸形发展。这就要求把自然、社会、人自身的发展紧密联系起来，把经济、政治、文化、社会、生态的发展紧密联系起来，坚持“绿色发展理念”，正确认识和把握自然发展规律、社会发展规律以及人自身的发展规律，正确分析和解决自然、社会、人自身发展过程中面临的各种矛盾和问题。在发展实践中，既要坚持以经济建设为中心，又要加强政治、文化、社会、生态建设，推进经济、政治、文化、社会、生态全面发展。社会主义现代化建设伟大实践启示我们：社会发展的战略目标，不是单纯追求国民生产总值的增长，而是在经济发展的基础上促进社会全面进步，促进人的全面发展；经济体制改革不仅要有利于促进生产力的发展，而且要有利于全面体现社会主义现代化事业的要求，实现社会和谐和全面进步，实现中华民族伟大复兴中国梦。

2. 协调发展

社会的发展是社会内在各个系统相互联系、相互作用的过程，人类文明的进步与发展是物质文明、政治文明、精神文明相互协调发展的过程。“辩证法是关于普遍联系的科学”[②]，“相互作用是事物的真正的终极原因”[③]。经济建设是各项事业发展的基础条件，而政治、文化等事业的发展又反作用

①《习近平致“纪念〈发展权利宣言〉通过30周年国际研讨会”的贺信》，《人民日报》2016年12月5日。

②《马克思恩格斯选集》（第四卷），人民出版社，1995，第259页。

③《马克思恩格斯选集》（第四卷），人民出版社，1995，第328页。

于经济发展。马克思主义的唯物主义绝不是拜物教，而是坚持物质第一性的辩证唯物主义。经济增长并不是社会发展的唯一指标，也不是社会发展的全部内容。社会发展的各个方面是互相关联、互相作用的。

所谓协调发展，就是要统筹城乡发展、统筹区域发展、统筹经济社会发展、统筹人与自然和谐发展、统筹国内发展和对外开放，推进生产力和生产关系、经济基础和上层建筑相协调，推进经济、政治、文化、社会、生态建设的各个环节、各个方面相协调。

十八大以来，以习近平为核心的党中央认真总结我国社会主义建设的历史经验，针对新时期我国经济社会发展面临的突出矛盾和问题，适应新形势新任务，深化统筹发展理论，丰富了我们党关于统筹兼顾的思想。

一是统筹城乡协调发展，逐步改变城乡二元经济结构。要坚持实施乡村振兴战略，站在经济社会发展全局的高度研究和解决“三农”问题，实行以城带乡、以工促农、城乡互动、协调发展。更加注重加快农村发展，进一步落实对农业“多予、少取、放活”的方针，充分调动农民的积极性。统筹推进城乡改革，消除体制性障碍，逐步形成有利于城乡相互促进、共同发展的体制和机制。二是统筹区域协调发展，继续发挥各个地区的优势和积极性，逐步扭转地区差距扩大的趋势，实现共同发展。实施区域协调发展战略，“加大力度支持革命老区、民族地区、边疆地区、贫困地区加快发展，强化举措推进西部大开发形成新格局，深化改革加快东北等老工业基地振兴，发挥优势推动中部地区崛起，创新引领率先实现东部地区优化发展，建立更加有效的区域协调发展新机制”[①]。三是统筹

①习近平：《决胜全面建成小康社会 夺取新时代中国特色社会主义伟大胜利——在中国共产党第十九次全国代表大会上的报告》，人民出版社，2017，第32—33页。

经济社会发展，在大力推进经济发展的同时，更加注重加快社会发展。大力发展教育、科技、文化、卫生、体育等事业。加快社会发展，保障人民群众安居乐业，继续做好就业和社会保障工作，化解社会矛盾，保持社会稳定。发展社会主义民主，健全社会主义法治，促进三大文明协调发展。四是统筹人与自然和谐发展，处理好经济建设、人口增长与资源利用、生态环境保护的关系，推动整个社会走上生产发展、生活富裕、生态良好的文明发展道路，建设资源节约型、环境友好型社会。五是统筹国内发展和对外开放，处理好国内发展和国际环境的关系，推动形成全面开放的新格局。既利用好外部的有利条件，又发挥好我们自身的优势，利用国际国内两个市场两种资源，把扩大内需与扩大外需、利用内资与利用外资结合起来，努力实现国内发展和对外开放相协调。

3. 可持续发展

所谓可持续发展，就是要促进人与自然的和谐，实现经济发展和人口、资源、环境相协调，坚持走生产发展、生活富裕、生态良好的文明发展道路，保证一代接一代地永续发展。

坚持走可持续发展道路，建设资源节约型、环境友好型社会，是新时期下贯彻落实新发展理念的战略举措，是统筹人与自然和谐发展和促进可持续发展的重大举措，是实现节约发展、清洁发展、安全发展的重要任务。实施可持续发展的指导思想，是坚持以人为本、以人与自然和谐为主线，以经济发展为核心，以提高人民群众生活质量为根本出发点，以科技和体制创新为突破口，坚持不懈地全面推进经济社会与人口、资源和生态环境的协调，不断提高我国的综合国力和竞争力，为实现十九大提出的“新两步”战略目标奠定坚实的基础。

改革开放以来，我们的经济社会的发展在取得举世瞩目的成就的同时，出现了比较严重的环境污染和生态破坏问题。特别是随着经济的快速增长和人口的不断增加，资源不足的矛盾越来越尖锐，资源利用、环境保护面临的压力越来越大。克服资源短缺的瓶颈，解决环境污染和生态破坏造成的矛盾和问题，是增强可持续发展能力，实现经济社会又好又快发展的迫切需要，是关系中华民族生存和长远发展的根本大计。建设资源节约型、环境友好型社会，必须充分考虑人口承载力、资源支撑力、生态环境承受力，正确处理经济发展与人口、资源、环境的关系，统筹考虑当前发展和长远发展的需要，不断提高发展的质量和效益，走生产发展、生活富裕、生态良好的文明发展道路。

要把节约能源资源作为一项重大战略任务抓紧抓好。实行节约能源资源的基本国策，坚持开发与节约并重、节约优先的方针。依靠科技进步，增强节约能源资源的能力；建立健全法律法规体系，形成节约资源的体制机制；在全社会加强宣传教育，使节约能源资源成为全社会的自觉行动。保护生态环境关系到广大人民群众的切身利益，关系到中华民族的长远发展。必须充分认识保护生态环境的重要性、艰巨性、长期性，坚持保护环境的基本国策，加大保护生态环境的力度，为经济社会可持续发展创造良好条件，为人民群众生产生活创造良好环境。

实现可持续发展，就要坚持绿色发展。十九大报告指出："坚持人与自然和谐共生。建设生态文明是中华民族永续发展的千年大计。必须树立和践行绿水青山就是金山银山的理念，坚持节约资源和保护环境的基本国策，像对待生命一样对待生态环境。"[①]坚持"绿水青山就是金山银

①习近平：《决胜全面建成小康社会　夺取新时代中国特色社会主义伟大胜利——在中国共产党第十九次全国代表大会上的报告》，人民出版社，2017，第23—24页。

山”，不断践行“创新、协调、绿色、开放、共享”的新发展理念，是实现可持续发展的关键。新常态背景下，资源约束趋紧、环境承受力脆弱、生态系统退化的形势十分严峻，成为制约经济持续健康发展、人民生活质量提高、中华民族永续发展的障碍。基于改革开放以来对发展中遇到的这些突出问题的深刻认识和对人民期盼和诉求的回应，坚持绿色发展理念，实现可持续发展势在必行，它也成为新时期下我国进行经济、社会、文化、政治、生态各方面建设必须坚持的理念。

三、以人为本的基本理念

（一）以人为本的内涵

结合当代中国的发展实际，以人为本具有四个层面的基本内涵。其一，在人与自然的关系上，就是不断增强可持续发展能力；其二，在人与社会的关系上，就是既努力使社会发展成果惠及全体人民，又积极创造人们能充分发挥其聪明才智的社会环境，不断促进人的全面发展；其三，在人与人的关系上，就是注重社会公正，不断实现人们的平等发展、和谐发展；其四，在人与组织的关系上，就是各级组织要为每个人能力的充分发挥提供机会与平台、政策与规则、管理与服务。

中国共产党在不断的革命和建设中，将马克思主义理论与中国实际相结合，进行了理论创新，赋予了马克思主义新的科学内涵，以人为本发展理念一直贯穿于中国特色社会主义事业发展之中。

以江泽民为核心的第三代中央领导集体提出的“三个代表”重要思想体现了以人为本的发展理念，“始终代表中国先进生产力的发展要求”要求马克思主义政党必须高度重视解放和发展生产力，为人们的生存和发展提供物质准备；“始终代表先进文化的前进方向”要求在全社会形成尊重劳动、尊重知识、尊重人才、尊重创造的氛围，塑造有理想、有文化、有道德、有纪律的社会主义新人，实现人的价值；“始终代表中国最广大人民的根本利益”将落脚点回到人民。“三个代表”重要思想从发展先进生产力和先进文化出发，将满足最广大人民的根本利益和促进人的全面发展作为目的和归宿，将历史唯物主义的人本思想和中国的实际结合起来，成功运用到社会主义建设中去，有力地体现了以人为本的发展理念。

以胡锦涛为总书记的党中央提出了科学发展观，核心就是以人为本。2004 年 3 月 10 日，胡锦涛在中央人口资源环境工作座谈会上指出：“坚持以人为本，就是要以实现人的全面发展为目标，从人民群众的根本利益出发谋发展、促发展，不断满足人民群众日益增长的物质文化需要，切实保障人民群众的经济、政治和文化权益，让发展的成果惠及全体人民。”[①] 进而，在 2007 年 6 月 25 日，胡锦涛在中央党校省部级干部进修班发表的讲话指出，“全心全意为人民服务是党的根本宗旨，党的一切奋斗和工作都是为了造福人民，要始终把实现好、维护好、发展好最广大人民的根本利益作为党和国家一切工作的出发点和落脚点，做到发展为了人民、发展依靠人民、发展成果由人民共享”[②]，这是以广大人民群众和他们根本利益为本的有力体现。在 2007 年 10 月 15 日召开的十七大上，对以人为本的内涵作了科

①《十六大以来重要文献选编》（上），中央文献出版社，2005，第850页。

②《十七大以来重要文献选编》（上），中央文献出版社，2009，第12页。

学性的阐述，“必须坚持以人为本。全心全意为人民服务是党的根本宗旨，党的一切奋斗和工作都是为了造福人民。要始终把实现好、维护好、发展好最广大人民的根本利益作为党和国家一切工作的出发点和落脚点，尊重人民主体地位，发挥人民首创精神，保障人民各项权益，走共同富裕道路，促进人的全面发展，做到发展为了人民、发展依靠人民、发展成果由人民共享”①。这是为人民服务宗旨的体现，回答了“为了谁”“依靠谁”的问题。

十八大以来，以习近平为核心的党中央高度重视发挥人民的主体地位，顺应人民群众对美好生活的向往，不断实现好、维护好、发展好最广大人民的根本利益。十九大报告指出：“中国共产党人的初心和使命，就是为中国人民谋幸福，为中华民族谋复兴。这个初心和使命是激励中国共产党人不断前进的根本动力。全党同志一定要永远与人民同呼吸、共命运、心连心，永远把人民对美好生活的向往作为奋斗目标，以永不懈怠的精神状态和一往无前的奋斗姿态，继续朝着实现中华民族伟大复兴的宏伟目标奋勇前进。”② 以人为本的发展理念早已伴随党的领导、中国特色社会主义事业的发展深入人心。

（二）以人为本的提出背景与发展历程

以人为本作为一种理念而提出有着深刻的社会历史背景。其一，这是对社会历史发展中人的主体地位和作用日益突出的反映。社会越发展，人在社会历史发展中的作用就越突出。全面建成小康社会，人才是保证，人的全面发展是目标，如果没有人的全面发展，就没有也不可能建成全面进

---

①《十七大以来重要文献选编》（上），中央文献出版社，2009，第12页。

②习近平：《决胜全面建成小康社会　夺取新时代中国特色社会主义伟大胜利——在中国共产党第十九次全国代表大会上的报告》，人民出版社，2017，第1页。

步的小康社会。其二，这是对中国发展的经验教训进行深刻总结而提升出的一种实践理念。一些地方片面理解以经济建设为中心，一味追求经济增长，因而出现了环境污染问题，破坏了可持续发展能力；出现了人被物化的现象，一部分人没有真正享受到社会发展的成果；出现了贫富差距加大的现象，一部分人失去平等发展的机会。这些发展中付出的代价，促使人们从呼唤现代化走向反思现代性，认识到必须走出片面追求经济增长的物本发展观，逐步走向以人为本的科学发展观。

以人为本作为当代中国的发展理念有着特定的思想渊源。在继承文艺复兴时期的人文主义和18世纪法国人道主义的基础上，费尔巴哈首次提出人本主义，它虽具有重要的历史进步意义，但也存在逻辑上的严重缺陷。马克思、恩格斯在批判地继承前人特别是费尔巴哈人本主义思想成果的基础上，依据唯物史观的伟大发现，不仅深刻揭示了人类存在的真实本质，而且提出了“人就是人的世界”“人的根本就是人本身”“人是人的最高本质”等著名论断，在最普遍意义上对“以人为本”作了最根本的界定和最有力的说明，科学地揭示了人的本质，为“以人为本”思想的确立奠定了坚实基础。马克思主义科学地界定了以人为本中的“人”和“本”。马克思主义认为，“人”包括类存在意义上的一切人、社会群体意义上的广大人民群众和具有独立人格的个人三种基本存在形态。因此，“本”也相应地具有三层含义：“一是相对于人的依赖、物的依赖而言，它把人当作主体……二是相对于人被边缘化而言，它把人看作一切事物的最终本质……三是相对于人作为手段而言，它把人作为目的。”[①]

①韩庆祥、亢安毅等：《马克思开辟的道路——人的全面发展研究》，人民出版社，2005，第176—177页。

以人为本作为中国共产党的一种执政理念，是我们党洞悉社会历史发展规律、社会主义建设规律和中国共产党执政规律，以及总结党执政的经验教训而得出的重要结论。首先，历史进步是社会发展和人的发展相统一的过程：人们的社会历史始终只是他们的个体发展的历史，未来社会以每个人的全面而自由的发展为基本原则，人的自由和全面发展是历史发展进步的标志。其次，人的全面发展是社会主义新社会的本质要求：我们走出长期以来在“人”的认识上的误区，开始着重从生产力角度来理解中国特色社会主义。因此，我们强调解放思想，通过解放思想来解放人，再进一步从人的全面发展角度来理解社会主义，认识到社会主义的最高目标是人的全面发展，社会主义本质上就是推进人的全面发展的现实运动。再次，执政为民是对共产党执政规律的准确把握而得出的科学结论：作为一个执政党，只有坚持以人为本，维护和实现好广大人民群众的根本利益，才能确立和增强党执政的合法性，才能巩固党的执政基础和执政地位。最后，把以人为本作为党的执政理念是党在执政理念上的与时俱进：从以毛泽东为核心的中央领导集体提出“抓革命、促生产”的执政理念，到以邓小平为核心的中央领导集体提出“一个中心、两个基本点”的新执政理念，再到以江泽民为核心的中央领导集体提出“三个代表”的更新的执政理念，直到以胡锦涛为总书记的中央领导集体于2003年十六届三中全会上提出“坚持以人为本，树立全面、协调、可持续的发展观，促进经济社会和人的全面发展”，才正式把“以人为本”作为党全新的执政理念。如今，以习近平总书记为核心的中央领导集体深入贯彻“以人民为中心”的发展思想，颁布实施一系列惠民举措，使人民获得感显著增强。

（三）落实以人为本发展理念的实质和价值

坚持以人为本，就是要以实现人的全面发展为目标，从人民群众的根本利益出发谋发展促发展，不断满足人民群众日益增长的物质文化需要，切实保障人民群众的经济、政治和文化权益，让发展的成果惠及全体人民。以人为本，就是要把人民的利益作为一切工作的出发点和落脚点，不断满足人们的多方面需求和促进人的全面发展。马克思曾说过，未来社会是“以每个人的全面而自由的发展为基本原则的社会形式”[①]。因此，以人为本体现了马克思主义的基本观点，我们所从事的建设中国特色社会主义的伟大事业必须坚持以人为本，一切为了人民，一切依靠人民。

以人为本就是以最广大人民的根本利益为本。坚持以人为本，是我们党根据历史唯物主义关于人民是历史发展的主体、是推动历史前进的根本力量的基本原理提出来的。坚持以人为本，与我们党提出的始终代表中国最广大人民的根本利益是完全一致的，与我们党全心全意为人民服务的根本宗旨和立党为公执政为民的本质要求是完全一致的。以人为本的“人”，就是指最广大人民群众；以人为本的“本”，就是指根本，就是最广大人民的根本利益。以人为本体现了立党为公执政为民的本质要求。我们党领导人民进行革命和建设的根本目的，是通过解放和发展生产力，不断提高人民的物质文化生活水平，促进人的全面发展。以人为本，是我们党的根本宗旨和执政理念的集中体现。坚持以人为本，就要坚持立党为公执政为民，始终做到权为民所用、情为民所系、利为民所谋，始终把最广大人民的根本利益作为我们一切工作的最高标准。坚持以人为本，就是要坚持发

①《马克思恩格斯全集》（第二十三卷），人民出版社，1972，第649页。

展为了人民、发展依靠人民、发展成果由人民共享。坚持以人为本，就要以解决广大人民群众最关心、最直接、最现实的利益问题为切入点。坚持以人为本，就是不断满足人民群众的物质文化需要，实现人的全面发展。

党在进行社会主义建设时，要把人民群众的利益摆在更加突出的位置上，让经济发展成果由人民共享；把更多的精力投入到改善民生的问题上，让国家的政策向人民群众倾斜，对人民期待的美好生活给予更多的关注，从而落实以人为本的发展理念。

在如今的现代化建设中，党把以人为本确立为党的执政理念，把群众路线作为党的根本工作路线，能够发掘和培育人的能力，将中国特有的人口资源转变为人力资源，进而转变为人才资源；能够凝聚中国力量，成为推动中国社会发展的强大动力；能够进一步夯实党的群众基础，增强党的凝聚力、创造力和战斗力，与群众保持血肉相连关系；能够激发广大人民群众的爱国情感，同党共同奋斗，共筑实现中华民族伟大复兴的中国梦。

四、和平发展的基本理念

（一）和平发展与科学发展统一于中国特色社会主义发展理念之中

中国的发展贯彻和平发展理念，走和平发展道路，既争取在和平的国际环境中不断发展，又以自身的发展力求促进世界和平。这是党和政府依据国情、社会制度、价值观念等作出的必然选择，和平发展理念与科学发展理念统一于中国特色社会主义发展理念之中，为中国特色社会主义发展提供理论支持。

和平发展是建立在科学发展这一科学理念基础之上的，它主张中国要的是和平的发展、开放的发展、合作的发展。作为一个超级人口大国，中国要既充分利用世界和平发展带来的机遇发展自己，又要以自身的发展更好地维护世界和平，促进共同发展。发展是促进和平的重要基础，而和平是实现发展的前提条件。中国的发展离不开世界，同时又是维护世界和平的重要力量，因为中国的发展必须是和平的、开放的、合作的发展，并与各国和谐共存、互利共赢。和平发展是科学发展的重要外部条件，没有一个和平的国际环境，科学发展必将遭遇挫折或被延缓。

历史教训反复告诉我们，大国崛起既要有经济发展基础上的充裕物质保证，也要有正确的发展方式来实现可持续协调发展，所以，和平发展离不开以科学发展为特征的国家实力。发展是和平之本，科学发展为和平发展提供强大的物质基础，没有科学发展，和平发展就失去了基础和依托。弱国无外交，鸦片战争以后，中华民族所经历的近百年的屈辱历史反复证明了一个真理：落后就要挨打，发展才是硬道理。始终不渝地走和平发展道路必须以雄厚的经济实力和国际竞争能力为基础，中国的和平发展首先要全面提升自身的综合国力，这有赖于贯彻和落实科学发展。科学发展与坚持走和平发展道路统一于中国特色社会主义理论体系之中，是对社会主义特征的丰富和发展。

和平发展是中国国家发展战略的一部分，展示了科学发展的世界眼光。中国主张和平发展、开放发展、合作发展。和平发展为科学发展、和谐发展创造了有利的外部条件。和平发展，精髓是利用世界和平带来的机遇实现自身发展，又以自身的发展来维护世界和平，促进共同繁荣。坚持和平发展，反映了中国人民的根本愿望。坚持和平发展，是中国人民的历史选择。坚持走和平发展之路，是由中国国情决定的。中国是世界上最大的发展中国家。中国坚定不移地走和平发展道路，同世界各国人民一道，共同推进人类和平与发展的崇高事业。十九大报告指出，要“坚持推动构建人类命运共同体。中国人民的梦想同各国人民的梦想息息相通，实现中国梦离不开和平的国际环境和稳定的国际秩序。必须统筹国内国际两个大局，始终不渝走和平发展道路，奉行互利共赢的开放战略，坚持正确义利观”①。我国把和平发展既作为发展目标，又作为发展方式，把科学发展提到了新的战略高度。以科学的发展理念和方式实现和谐、可持续发展，不以扩张作为发展的手段，不以他国的牺牲作为发展的基础，并以自身的发展维护世界的和平与稳定，从这个意义上说，中国特色社会主义的发展就是和平发展，就是负责任大国的表现。

（二）贯彻和平发展理念的原因

和平发展道路是人类追求文明进步的一条全新的道路，是中国现代化建设的必由之路，是中国政府和中国人民的郑重选择和庄严承诺。中国的发展将促进国内稳定，有利于世界和平；中国的发展不是建立在牺牲他国利益的基础之上，而是基于自身实际情况的内敛式发展和与世界同步的发展。事实上，中国共产党第一代领导核心毛泽东早就指出：“我国人民应该有一个远大的规划，要在几十年内，努力改变我国在经济上和科学文化上的落后状况，迅速达到世界先进水平。……我国人民还要同世界各

①习近平：《决胜全面建成小康社会　夺取新时代中国特色社会主义伟大胜利——在中国共产党第十九次全国代表大会上的报告》，人民出版社，2017，第25页。

国人民团结一起，为维护世界的和平而奋斗。”[①]1989年，邓小平也曾指出：“我们搞的是有中国特色的社会主义，是不断发展社会生产力的社会主义，是主张和平的社会主义。只有不断发展社会生产力，国家才能一步步富强起来，人民生活才能一步步改善。”[②]江泽民进一步指出：“中国是维护世界和平和地区稳定的坚定力量。我们进行社会主义现代化建设，需要一个长期的和平国际环境特别是良好的周边环境。中国的发展不会对任何国家构成威胁。”[③]胡锦涛则强调：“中国将始终不渝走和平发展道路。这是中国政府和人民根据时代发展潮流和自身根本利益作出的战略抉择。”[④]2017年1月，习近平总书记在联合国日内瓦总部发表题为《共同构建人类命运共同体》的演讲时指出：“中国从一个积贫积弱的国家发展成为世界第二大经济体，靠的不是对外军事扩张和殖民掠夺，而是人民勤劳、维护和平。中国将始终不渝走和平发展道路，永不称霸、永不扩张、永不谋求势力范围。”[⑤]中国走什么路，发挥什么作用，是一个既关系自己，又关系世界的大问题。

当今世界正处于大发展大变革大调整时期，和平与发展仍然是时代主题。世界多极化、经济全球化、社会信息化、文化多样化深入发展，全球治理体系和国际秩序变革加速推进，各国相互联系和依存日益加深，国际力量对比更趋平衡，和平发展大势不可逆转。同时，世界面临的不稳定

①《毛泽东文集》（第七卷），人民出版社，1999，第2页。

②《邓小平文选》（第三卷），人民出版社，1993，第328页。

③《江泽民文选》（第二卷），人民出版社，2006，第41页。

④胡锦涛：《高举中国特色社会主义伟大旗帜　为夺取全面建设小康社会新胜利而奋斗——在中国共产党第十七次全国代表大会上的报告》，人民出版社，2007，第47页。

⑤《习近平出席“共商共筑人类命运共同体”高级别会议并发表主旨演讲》，《人民日报》2017年1月20日。

性不确定性突出，世界经济增长动能不足，贫富分化日益严重，地区热点问题此起彼伏，恐怖主义等非传统安全威胁持续蔓延，人类面临许多共同挑战。面对当前这种世界局势，只有通过发展才能逐步增强世界的和平力量，和平发展的道路才会有基本保障。中国致力于在和平的环境中发展自己，中国的发展是世界和平力量的发展，中国也必将通过自身发展来维护和促进世界的和平。

和平发展的基本理念也符合我国外交政策的基本原则和宗旨，即维护世界和平与安全，促进各国共同发展。反对霸权主义和强权政治，“中国永远属于第三世界”，“中国永远不会称霸”。①中国的对外政策是独立自主的，“在争取和平的前提下，一心一意搞现代化建设，发展自己的国家”②。邓小平强调指出：“我们诚心诚意地希望不发生战争，争取长时间的和平，集中精力搞好国内的四化建设。”③江泽民继承了邓小平关于和平发展的思想，提出“中国外交政策的宗旨，是维护世界和平，促进共同发展。我们愿同各国人民一道，共同推进世界和平与发展的崇高事业”④。新时期下，习近平进一步明确了中国的和平发展理念，他指出：“中国将继续高举和平、发展、合作、共赢的旗帜，始终不渝走和平发展道路，奉行互利共赢的开放战略。中国将继续积极维护国际公平正义，主张世界上的事情应该由各国人民商量着办，不会把自己的意志强加于人。”⑤

---

①《邓小平文选》（第三卷），人民出版社，1993，第56页。

②《邓小平文选》（第三卷），人民出版社，1993，第57页。

③《邓小平文选》（第三卷），人民出版社，1993，第57页。

④江泽民：《全面建设小康社会　开创中国特色社会主义事业新局面——在中国共产党第十六次全国代表大会上的报告》，人民出版社，2002，第47页。

⑤习近平：《在第十三届全国人民代表大会第一次会议上的讲话（2018年3月20日）》，人民出版社，2018，第12页。

（三）新形势下落实“和平发展理念”的途径与意义

当代中国同世界的关系发生了历史性变化，中国的前途命运日益紧密地同世界的前途命运联系在一起。和平与发展仍是时代主题，和平稳定的国际环境是中国实现科学发展的重要外部条件。不管国际风云如何变幻，中国政府和人民都将高举和平、发展、合作、共赢的旗帜，奉行独立自主的和平外交政策，维护国家主权、安全、发展利益，恪守维护世界和平、促进共同发展的外交政策宗旨。中国将始终不渝走和平发展道路，这是中国政府和人民根据时代发展潮流和自身根本利益作出的战略抉择。中华民族是热爱和平的民族，中国始终是维护世界和平的坚定力量。我们坚持把中国人民的利益同各国人民的共同利益结合起来，秉持公道，伸张正义。我们坚持国家不分大小、强弱、贫富一律平等，尊重各国人民自主选择发展道路的权利，不干涉别国内部事务，不把自己的意志强加于人。中国致力于和平解决国际争端和热点问题，推动国际和地区安全合作，反对一切形式的恐怖主义。中国反对各种形式的霸权主义和强权政治，永远不称霸，永远不搞扩张。

中国还将始终不渝奉行互利共赢的开放战略，继续以自己的发展促进地区和世界共同发展，扩大同各方利益的汇合点。中国坚持在和平共处五项原则的基础上同所有国家发展友好合作。中国将继续同发达国家加强战略对话，增进互信，深化合作，妥善处理分歧，推动相互关系长期稳定健康发展。中国将继续贯彻与邻为善、以邻为伴的周边外交方针，加强同周边国家的睦邻友好和务实合作，积极开展区域合作，共同营造和平稳定、平等互信、合作共赢的地区环境。中国将继续加强同广大发展中国家的团结合作，深化传统友谊，扩大务实合作，提供力所能及的援助，维护发展中国家的正当要求和共同利益。中国将继续积极参与多边事务，承担相应国际义务，发挥建设性作用，推动国际秩序朝着更加公正合理的方向发展。

中国的和平发展道路不是平坦的，这更加证明坚持走和平发展道路的正确性。要和平发展，首要的前提是和平的国际环境和安全稳定的国内形势。和平的国际环境和国内的安全稳定不是上天赐予的，不是永恒的，而是需要去积极地争取和打造的。坚持走和平发展的道路，要靠积极的态度和科学的方法、手段，争取最大限度地掌控和平发展的主动权。在实现国内社会稳定和谐的基础上，妥善处理国际社会的不和谐因素，化解矛盾，营造全面、持久的国际和平环境，以利于中国更快更好地发展。目前，我国的社会主义建设进入了新的发展阶段，坚持走和平发展的道路，充分利用世界和平与发展的有利时机，克服不利因素，努力发展壮大自己，同时又用自己的发展维护世界和平，处理好同外部世界的关系，中国和平发展的战略目标就一定能够实现。

五、五大发展理念

（一）五大发展理念的内涵和相互联系

《中共中央关于制定国民经济和社会发展第十三个五年规划的建议》指出："实现'十三五'时期发展目标，破解发展难题，厚植发展优势，必须牢固树立创新、协调、绿色、开放、共享的发展理念。”[①]五大发展理念是党和政府在总结中国经济社会发展经验，破解制约全面建成小康社会难题，对新的发展要求和制约因素作出有效回应的基础上提出的。五大发展理念丰富了发展内涵，为我国今后的社会主义发展指明了方向，要从创新、协调、绿色、开放、共享五个方面统筹社会主义建设，实现发展的全面性。创新、协调、绿色、开放、共享五大发展理念互相协调，相辅相成，统一于中国特色社会主义发展理念中。

在我国的“十三五”建设期间，乃至更长的发展时期，创新将放在发展的第一位，包括理念、制度、科技、文化、军事等方面的创新，我们既要注重以技术创新为核心的科技创新，又要注重以理念创新为核心的思想创新，还要注重以创新体制机制为核心的制度创新等。习近平指出：“我国经济发展要突破瓶颈、解决深层次矛盾和问题，根本出路在于创新。”[②]把创新放在发展的第一位，能够有效地转变经济发展方式和改善发展结构，促进发展提质、增效，取得更好的效果。历届领导人都非常重视创新在发展中的作用，把创新摆在经济社会发展的重要位置，而科技创新又是创新的核心，是转变经济发展方式的关键。改革开放以来，我国的经济社会建设取得了巨大成就，人民生活水平得到了明显的改善，但仍旧存在着经济结构不合理的问题，中国经济长期处在粗放式增长状态，随之而来又出现了很多发展问题。针对发展中出现的问题，创新能够引领发展，带来发展方式的巨大转变，科技创新为发展注入巨大力量，推动新兴

①《中共中央关于制定国民经济和社会发展第十三个五年规划的建议》，人民出版社，2015，第8页。

②习近平：《实现实实在在没有水分的增长》，《人民日报》2014年7月7日。

产业蓬勃发展，整体提升了企业的竞争力，使我国的企业可以走出国门，走向世界。

协调发展理念强调经济社会发展要顾及各个方面，实现整体发展和长远进步。党的十八大以来，协调发展理念贯穿于发展理念之中，党的十八届五中全会更是把协调发展放在我国发展全局的重要位置，融入社会主义现代化建设之中。协调发展要求在发展中处理好一些发展关系，促进经济社会协调发展、区域协调发展、城乡协调发展，在经济社会发展的同时能够有效改善人民生活，不破坏自然环境，实现长久、可持续发展。

绿色发展理念是党将马克思主义生态观与我国的社会主义建设实际相结合形成的新的发展理念，丰富了发展理念。在以往的经济社会发展中，我们出现过片面强调经济发展，忽略环境保护而导致环境污染的问题，由此也付出了一定的环境代价，这是粗放型发展模式带来的问题，也反映了发展理念存在一定的偏差。新时期下，党和政府结合发展经验，不断丰富发展理念，党的十八大将生态文明纳入“五位一体”总体布局，十八届五中全会又将绿色发展放入五大发展理念之中，这体现了党和政府对生态环境的高度重视。

开放发展理念是对历届领导人提出的开放思想的继承和发展。从邓小平时期提出改革开放，到党的十四大提出进一步扩大对外开放，再到十五大将对外开放作为一项长期坚持的基本国策，如今，以习近平为核心的党中央提出“坚定不移实施对外开放的基本国策、实行更加积极主动的开放战略，坚定不移提高开放型经济水平，坚定不移引进外资和外来技术，坚定不移完善对外开放体制机制”[①]。开放发展，坚持与其他国家互利共赢的

①《习近平主持召开中央全面深化改革领导小组第十六次会议强调坚持以扩大开放促进深化改革，坚定不移提高开放型经济水平》，《人民日报》2015年9月16日。

合作关系，形成内外联动、共同发展的态势，能够加速经济发展方式的转变、创新开放模式、提高产品的竞争力和对外开放水平。

共享发展理念是中国特色社会主义的内在和本质要求。邓小平指出："社会主义的本质，是解放生产力，发展生产力，消灭剥削，消除两极分化，最终达到共同富裕。"[①]邓小平的共同富裕理论为后续共享发展理念的形成和完善奠定了基础，他立足于当时中国发展的实际状况，提出了改革开放的政策，允许一部分人先富起来，通过先富带后富，最终达到共同富裕。江泽民在党的十五大上从经济层面提出了共享，党的十六大从发展层面提出了共享发展，党的十七大指出："始终把实现好、维护好、发展好最广大人民的根本利益作为党和国家一切工作的出发点和落脚点……做到发展为了人民、发展依靠人民、发展成果由人民共享。"[②]这些理论对共享理念后续的完善和成熟起了十分重要的作用，党的十八届五中全会通过的《中共中央关于制定国民经济和社会发展第十三个五年规划的建议》指出："必须坚持发展为了人民、发展依靠人民、发展成果由人民共享，作出更有效的制度安排，使全体人民在共建共享发展中有更多获得感，增强发展动力，增进人民团结，朝着共同富裕方向稳步前进。"[③]十八届五中全会把共享发展加入到五大发展理念之中，作为发展的重要内容，指明了发展方向。

五大发展理念相辅相成，每一个发展理念都有着丰富的内涵和发展要求，它们统一于建设中国特色社会主义事业之中，互相协调，互相影响，失去任何一方面，发展都不是完整的、全面的，都会对全面发展产生巨大

①《邓小平文选》（第三卷），人民出版社，1993，第373页。
②《十七大以来重要文献选编》（上），中央文献出版社，2009，第12页。
③《十八大以来重要文献选编》（中），中央文献出版社，2016，第793页。

影响。五大发展理念是根据中国特色社会主义发展要求提出的，是中国特色社会主义事业取得成功的必然要求。

（二）五大发展理念的提出背景和重大意义

五大发展理念是在总结以往有关发展理论和结合中国发展实际的过程中不断完善的，我们发展中存在着不平衡、不协调、不可持续等问题，需要统筹发展，不断更新发展理念。

首先，五大发展理念的提出是在党和政府总结经济社会建设经验，破解制约全面建成小康社会难题，解决我国发展中存在的不平衡、不协调、不可持续等问题时提出的。从新中国成立开始，尤其是改革开放以后，中国的经济社会建设步入快速发展时期，我国的生产力获得极大发展，经济实力显著增强，人民生活水平和生活质量取得极大提高，法律和社会保障体系不断完善，生活环境得到明显改善，人民幸福感指数不断提高。这些成绩的取得，正是党和政府在不断调整发展方向、创新发展方法、总结发展经验中取得的。

伴随着经济社会的发展，一系列不平衡、不协调、不可持续的发展问题成为全面发展的阻碍。就五大发展理念提出的外部环境来讲，进入20世纪后半叶以来，全球的经济政治格局不断变化，世界经济出现了两种发展趋势，经济全球化与区域发展一体化并存。“就世界经济发展环境而言，全球市场仍处于后危机时代漫长低迷期，世界经济复苏缓慢，因债务同期与停滞周期叠加，复杂与分化是世界经济运行的一般特征，全球经济格局正发生着新的变革。”①这就使得我国的发展面临着挑战，需要不断调整

①谷亚光、谷牧青：《论“五大发展理念”的思想创新、理论内涵与贯彻重点》，《经济问题》2016年第3期。

发展理念，保持经济社会朝着平稳、有序方向发展。就国内环境而言，由于“我国发展仍处于可以大有作为的重要战略机遇期，也面临诸多矛盾叠加、风险隐患增多的严峻挑战”①。风险、挑战与发展并存，在不断的发展中，需要对新的发展条件和制约因素作出有效回应，需要有效的发展手段和路径应对发展中的难题，所以五大发展理念的提出是应对问题和挑战的必然选择。

其次，五大发展理念是对以往发展理念的继承和创新，贯穿于中国特色社会主义发展始终。以毛泽东为核心的第一代中央领导集体，提出了一系列的革命和建设理论，强调在统筹兼顾的基础上走工业化道路，建立了比较完备的工业体系；指出社会主义建设必须处理好重工业与轻工业、农业的关系，沿海工业与内地工业的关系，提出综合平衡、统筹兼顾的发展方针，以农业为基础、工业为主导、农轻重协调发展，这为最初我国经济社会发展提供了指导，为后续的发展理论不断完善奠定了基础。以邓小平为核心的第二代中央领导集体，提出“发展才是硬道理”的发展理念，协调处理好发展关系，开辟了发展的新道路。以江泽民为核心的第三代中央领导集体指出：“在现代化建设中，必须把实现可持续发展作为一个重大战略。要把控制人口、节约资源、保护环境放到重要位置，使人口增长与社会生产力发展相适应，使经济建设与资源、环境相协调，实现良性循环。”②这些理念将控制人口、节约资源、保护环境放到发展的重要位置，丰富了发展理念。以胡锦涛为总书记的领导集体提出科学发展观，强调第一要义是发展，核心是以人为本，基本要求是全面、协调、可持续，

①《贯彻五大发展理念　实现百年奋斗目标》，《人民日报》2015年10月30日。

②《江泽民文选》（第一卷），人民出版社，2006，第463页。

我们的发展理念内涵由此更加丰富。五大发展理念是在继承以往发展理念的基础上，对其进行了丰富和完善，是在十八届五中全会上正式形成的，是我国“十三五”建设期间要长期坚持的发展理念。

总的来说，五大发展理念丰富了中国特色社会主义发展理论，促进了发展理论的整体提升，它是推动改革发展、处理发展矛盾、解决风险挑战的重要理论指导。其中，创新发展是解决当代中国创新能力不足问题的内在要求，协调发展是解决当代中国发展不均衡性问题的必然选择，绿色发展是解决当代中国治理生态环境问题的根本出路，开放发展是解决中国发展内外联动性相对不够的现实抉择，共享发展是解决当代中国发展起来以后出现各种问题的基本遵循。

（三）贯彻五大发展理念是全面建成小康社会的关键

将五大发展理念作为发展的思想理念，对于实现“十三五”期间全面建成小康社会的目标，实现中华民族伟大复兴中国梦具有重要指导意义。

首先，创新发展理论引导国家发展创新，促进技术改革和生产力解放。把创新放在国家发展战略的重要位置，可以有效地促进新旧动能转换，优化资源配置，促成结构合理、开放兼容、自主可控、竞争力强的现代产业技术体系。

其次，协调发展理论启示我们处理好发展中的关系，实现东、中、西部协调发展，京津冀协调发展，城乡协调发展，开启全面发展模式。

再次，绿色发展理论的提出是建立在对我国经济建设中出现的环境污染和生态破坏问题基础上的，环境问题逐渐成为制约我国经济社会可持续发展的一大障碍。习近平总书记指出：“要清醒认识保护生态环境、治理环境污染的紧迫性和艰巨性，清醒认识加强生态文明建设的重要性和必要性，以对人民群众、对子孙后代高度负责的态度和责任，真正下决心把环境污染治理好、把生态环境建设好，努力走向社会主义生态文明新时代，为人民创造良好生产生活环境。”[①]绿色发展理念，需要在尊重自然规律的情况下发挥主观能动性，结合环境承载力和发展要求合理布局，整体规划发展；需要积极改革发展格局，促进产业结构优化升级，逐渐改革污染重、资源消耗大的产业，完善环境保护制度和破坏环境追责制度。

第四，开放发展理念有着丰富的理论基础，从改革开放初始就提出开放发展。现在的世界是开放的世界，是各国联系密切的世界，发展必须贯彻开放的发展理念，实施更加主动的开放战略，积极走出去。

最后，共享发展理念是发展的根本目的和社会主义的价值追求。习近平指出："改革发展搞得成功不成功，最终的判断标准是人民是不是共同享受到了改革发展成果。"[②]共享是发展的关键，是发展的最终目的和归宿，十八届五中全会《中共中央关于制定国民经济和社会发展第十三个五年规划的建议》反映了这个理念，"必须坚持发展为了人民、发展依靠人民、发展成果由人民共享，作出更有效的制度安排，使全体人民在共建共享发展中有更多获得感，增强发展动力，增进人民团结，朝着共同富裕方向稳步前进"[③]。

创新发展作为全面建成小康社会的先导，能够引领发展，增强发展动力；协调发展作为全面建成小康社会的基础，能够有效地解决发展不平

①《习近平谈治国理政》，外文出版社，2014，第208页。

②《中共中央召开党外人士座谈会征求对中共中央关于制定国民经济和社会发展第十三个五年规划的建议的意见》，《人民日报》2015年10月31日。

③《十八大以来重要文献选编》（中），中央文献出版社，2016，第793页。

衡、不协调、不可持续的问题；绿色发展作为全面建成小康社会的保证，能够促进发展与保护环境和谐统一；开放发展作为全面建成小康社会的必然选择，能够保证发展动力持续，与时代步调一致；共享发展作为全面建成小康社会的目的，能够保证朝着共同富裕的方向前进。五大发展理念，丰富和拓展了马克思主义发展观，立足于时代的呼唤、国家发展的需求，为中国特色社会主义事业发展提供了发展方向，也为决胜全面建成小康社会提供了理论保障。

第二章 中国特色社会主义发展战略的主要内容

中国特色社会主义发展战略内容丰富，其中，比较明确而重大的发展战略主要包括：分步走战略设计、科教兴国战略、人才强国战略、区域协调发展战略、可持续发展战略、创新驱动发展战略、乡村振兴战略、军民融合发展战略、健康中国战略、依法治国基本方略等。

一、分步走战略设计

（一）分步走战略设计的科学内涵

这里所说的分步走战略设计主要包括毛泽东针对实现工业化提出的“两步走”发展战略、邓小平提出的“三步走”发展战略、江泽民和胡锦涛对“三步走”发展战略的进一步深化、习近平在继承和发展的基础上提出的“新两步走”发展战略。分步走战略设计从最初为实现“四个现代化”、建立工业体系的目标到全面建成小康社会、推进社会主义现代化、实现中华民族伟大复兴中国梦的目标，内涵不断演变更新，它代表着党和广大人民群众对于美好生活的不断追求。在新时代，以习近平为核心的党中央领导集体从时代和发展的全局出发，围绕改革稳定发展、内政国防外交、治党治国治军，创新了发展战略。十九大报告提出："在全面建成小康社会的基础上，分两步走在本世纪中叶建成富强民主文明和谐美丽的社会主义现代化强国。"[①]这是对以往领导人提出的发展战略的有效继承和发展，既赋予了分步走战略设计新的时代内涵，又为实现中华民族的伟大复兴提供了道路。

毛泽东提出的"两步走"发展战略目的主要是发展中国工业和实现社会主义现代化，是在党和政府探讨如何将中国从农业国变为工业国，实现"四个现代化"，建立一个完整的工业体系的过程中被提出和发展的。周恩来在三届人大一次会议上提出了"四个现代化"的目标，他指出："要在不太长的历史时期内，把我国建设成为一个具有现代农业、现代工业、现代国防和现代科学技术的社会主义强国，赶上和超过世界先进水平。"[②]对于如何实现现代化，毛泽东提出了一系列的设想。在中共七届二中全会上，毛泽东提出了"建立独立的完整的工业体系"[③]的建议；在修改八大报告时进一步指出："为了完成社会主义工业化的任务……根据我国人口众多、资源丰富的条件，我们应当在三个五年计划的时期内，基本上建成一个完整的工业体系。"[④]中国工业发展应该采取"两步走"的发展战略，最初毛泽东提出："在三年过渡阶段后，我们的工业发展可以

①习近平：《决胜全面建成小康社会　夺取新时代中国特色社会主义伟大胜利——在中国共产党第十九次全国代表大会上的报告》，人民出版社，2017，第19页。

②《周恩来选集》（下卷），人民出版社，1984，第439页。

③《毛泽东选集》（第四卷），人民出版社，1991，第1433页。

④《建国以来重要文献选编》（第九册），中央文献出版社，1994，第61—62页。

按两步走来考虑：第一步，搞十五年，建立一个独立的完整的工业体系，使我国工业大体赶上世界先进水平；第二步，再用十五年，使我国工业接近世界的先进水平。”[①]在三届人大一次会议上，与现代化目标一起，周恩来对“两步走”战略作了完整、准确的表述：“从第三个五年计划开始，我国的国民经济发展，可以按两步来考虑：第一步，建立一个独立的、比较完整的工业体系和国民经济体系；第二步，全面实现农业、工业、国防和科学技术的现代化，使我国经济走在世界的前列。”[②]提出工业化“两步走”发展战略，为我国当时的经济建设和社会发展提供了发展目标，帮助改变新中国成立以来经济社会落后的状态，实现经济独立和快速发展，巩固中国在国际上的地位。

邓小平提出的“三步走”发展战略，是在毛泽东的“两步走”发展战略的第一步已经基本实现的基础上，对第二步如何实现所作的进一步发展。十一届三中全会以后，党的工作重心转移到了经济建设上来，邓小平在继承毛泽东探索社会主义建设取得成果的基础上，总结经验教训，提出了我国的社会主义现代化建设分三步走的设想。根据邓小平的设想，1987年10月，党的十三大对“三步走”发展战略作了完整表述：“第一步，实现国民生产总值比一九八〇年翻一番，解决人民的温饱问题。……第二步，到本世纪末，使国民生产总值再增长一倍，人民生活达到小康水平。第三步，到下个世纪中叶，人均国民生产总值达到中等发达国家水平，人民生活比较富裕，基本实现现代化。”[③]邓小平“三步走”发展战略是改

①《建国以来毛泽东文稿》（第十册），中央文献出版社，1996，第347页。
②《周恩来经济文选》，中央文献出版社，1993，第563页。
③《改革开放三十年重要文献选编》（上），中央文献出版社，2008，第478页。

革开放后我们党提出的第一个现代化发展战略，在此指引下，我国的经济社会得到快速发展。

到20世纪90年代中后期，邓小平提出的“三步走”发展战略的第一步和第二步已经基本实现。为了更好地促成邓小平发展战略第三步的实现，促进我国经济社会发展再上一个新台阶，以江泽民为核心的第三代中央领导集体提出了全面建设小康社会的新目标和新要求，在十五大上对第三步作出了新的部署，被称为“新三步走”发展战略。十五大报告指出：第一个十年要实现国民生产总值比2000年翻一番，使人民的小康生活更加富裕，形成比较完善的社会主义市场经济体制；再到建党100年时，使国民经济更加发展，各项制度更加完善；到21世纪中叶，新中国成立100年时，基本实现现代化，建成富强、民主、文明的社会主义国家。“新三步走”发展战略，是以江泽民为核心的第三代中央领导集体关于中国在新世纪发展的全新思路，是对毛泽东“两步走”发展战略和邓小平“三步走”发展战略的继承，是“三步走”发展战略第三步的具体化，也是应对发展新要求的必然选择。它与前面的发展战略在目标上保持着高度一致，都以发展经济、增强国家经济实力、提高人民生活水平为出发点和落脚点；内涵上做到了进一步丰富和填充，在社会主义制度、体制建设上进一步细化；发展方向上进一步向外全面拓展，提到了走工业信息化道路、发展非公有制经济、建立现代产权制度、注重文化建设等内容。

以胡锦涛为总书记的党中央在十七大会议报告上提出了全面建设小康社会的新要求，报告指出：到2020年实现人均国内生产总值比2000年翻两番，全面建成小康社会。同时胡锦涛在纪念党的十一届三中全会召开30周年大会上的讲话中指出：“到我们党成立100年时建成惠及十几亿人口的更高水平的小康社会，到新中国成立100年时基本实现现代化，建成富强民主文明和谐的社会主义现代化国家。”[①]十七大报告对“新三步走”发展战略的“第一步”和“第二步”目标进行了全新的概括和总结，提出全面建成小康社会，实现人均国内生产总值翻两番。以胡锦涛为总书记的中央领导集体提出发展战略，是从把握国内外发展形势、顺应经济社会发展规律、回应人民对美好生活的期待为目标出发的，进一步细化了发展战略，对后续战略的提出起到了重要的承接作用。

党的十八大以后，习近平提出了实现国家富强、民族振兴、人民幸福的中国梦。中国梦包括全面建成小康社会和实现中华民族伟大复兴的目标，是对“三步走”发展战略的进一步继承和发展。而在十九大报告上，习近平指出：“新时代中国特色社会主义思想，明确坚持和发展中国特色社会主义，总任务是实现社会主义现代化和中华民族伟大复兴，在全面建成小康社会的基础上，分两步走在本世纪中叶建成富强民主文明和谐美丽的社会主义现代化强国。”[②]习近平在十九大报告中指出，我们既要全面建成小康社会，实现第一个百年奋斗目标，又要趁势而上开启全面建设社会主义现代化国家新征程，向第二个百年奋斗目标进军。“新两步走”发展战略目标可以分两个阶段来安排：第一个阶段，从2020年到2035年，在全面建成小康社会的基础上，再奋斗15年，基本实现社会主义现代化；第二个阶段，从2035年到21世纪中叶，在基本实现现代化的基础上，再奋斗15年，把我国建成富强民主文明和谐美丽的社会主义现代化强国。党的

①胡锦涛：《在纪念党的十一届三中全会召开30周年大会上的讲话》，人民出版社，2008，第35页。

②习近平：《决胜全面建成小康社会　夺取新时代中国特色社会主义伟大胜利——在中国共产党第十九次全国代表大会上的报告》，人民出版社，2017，第19页。

十九大提出的“两步走”战略，丰富了第二个百年奋斗目标的内涵，就此，我国的分步走发展战略随着社会的发展和国家的建设，内涵得到丰富和提升，不断发展更新以适应中国特色社会主义事业的要求。

（二）分步走战略设计的发展历程

分步走战略设计主要从新中国成立后毛泽东针对实现现代化和建立工业体系提出的“两步走”战略开始，发展到新时期十九大提出的两个一百年目标和“两步走”发展战略。这些发展战略贯穿于建设中国特色社会主义事业全过程，历经几代领导集体不断更新、完善，在社会主义现代化建设中发挥了巨大的指导作用，成为中国特色社会主义理论体系的重要组成部分，是宝贵的精神财富。

新中国成立初期，中国作为一个农业大国，工业基础薄弱，经济社会发展落后。毛泽东认为：“中国落后的原因，主要是没有新式工业。日本帝国主义为什么敢于这样地欺负中国？就是因为中国没有强大的工业，它欺侮我们的落后。”[①]新中国成立前夕，毛泽东在七届二中全会上提出“使中国稳步地由农业国转变为工业国，把中国建设成一个伟大的社会主义国家”[②]。这是毛泽东对于建设工业化国家的初步设想。新中国成立后，开展了对农业、手工业、资本主义工商业的“三大改造”，随后，制定了第一个五年计划，将重工业作为发展重点。根据毛泽东关于建设工业化国家的指示，周恩来在三届全国人大一次会议上提出了“四个现代化”战略目标。“四个现代化”战略目标提出以后，毛泽东开始考虑如何实现

①《毛泽东文集》（第三卷），人民出版社，1996，第146—147页。

②《毛泽东选集》（第四卷），人民出版社，1991，第1437页。

的问题，“我们必须打破常规，尽量采用先进技术，在一个不太长的历史时期内，把我国建设成为一个社会主义现代化的强国”[①]。1963年8月，毛泽东在《修改关于工业发展问题（初稿）》时讲道：“在三年过渡阶段之后，我们的工业发展可以按两步来考虑：第一步，搞十五年，建立一个独立的完整的工业体系，使我国工业大体赶上世界先进水平；第二步，再用十五年，使我国工业接近世界先进水平。”[②]随后，周恩来在第三届全国人大一次会议上作的《政府工作报告》对“两步走”发展战略进行了明确阐述：“为了实现这个伟大的历史任务（四个现代化），从第三个五年计划开始，我国的国民经济发展，可以按两步来考虑：第一步，建立一个独立的比较完整的工业体系和国民经济体系；第二步，全面实现农业、工业、国防和科学技术的现代化，使我国经济走在世界的前列。”[③]随后，在四届人大一次会议上，提出了“两步走”发展战略所用的时间：“第一步，用十五年时间，即在一九八〇年以前，建成一个独立的比较完整的工业体系和国民经济体系；第二步，在本世纪内，全面实现农业、工业、国防和科学技术的现代化，使我国国民经济走在世界的前列。”[④]毛泽东关于实现现代化的“两步走”发展战略，为后续邓小平“三步走”发展战略的制定提供了理论和实践基础。

十一届三中全会之后，如何进行现代化建设就成为需要解决的问题，邓小平在1979年3月提出了到20世纪末分步骤分阶段实现现代化。同年12月6日，邓小平针对来华访问的日本首相大平正芳询问中国如何构思现代

①《周恩来选集》（下卷）（第七卷），人民出版社，1984，第441页。
②《建国以来毛泽东文稿》（第十册），中央文献出版社，1996，第347页。
③《周恩来选集》（下卷），人民出版社，1984，第439页。
④《周恩来选集》（下卷），人民出版社，1984，第479页。

化建设时指出："我们要实现的四个现代化，是中国式的四个现代化，我们的四个现代化的概念，不是像你们那样的现代化的概念，而是'小康之家'。到本世纪末，中国的四个现代化即使达到了某种目标，我们的国民生产总值人均水平也还是很低的。要达到第三世界中比较富裕一点的国家的水平，比如国民生产总值人均1000美元，也还得付出很大的努力。就算达到那样的水平，同西方来比，也还是落后的。所以，我只能说，中国到那时也还是一个小康的状态。"①

这是将"四个现代化"具体化的体现，是邓小平"三步走"发展战略形成的初始。1980年，邓小平在《目前的形势和任务》报告中指出："到本世纪末，争取国民生产总值每人平均达到1000美元，算个小康水平。"②同年12月25日，邓小平在中央工作会议的讲话中指出："只要全国上下团结一致地、有秩序有步骤地前进，我们就能够更有信心经过二十年的时间，使我国现代化经济建设的发展达到小康水平，然后继续前进，逐步达到更高程度的现代化。"③在十二大上，邓小平的发展构想表述为："从一九八一年到本世纪末的二十年，我国经济建设总的奋斗目标是，在不断提高经济效益的前提下，力争使全国工农业的年总产值翻两番，即由一九八〇年的七千一百亿元增加到二〇〇〇年的二万八千亿元左右。实现了这个目标，我国国民收入总额和主要工农业产品的产量将居于世界前列，整个国民经济的现代化过程将取得重大进展，城乡人民的收入将成倍增长，人民的物质文化生活可以达到小康水平。到那个时候，我国

①《邓小平文选》（第二卷），人民出版社，1994，第237页。
②《邓小平文选》（第二卷），人民出版社，1994，第259页。
③《邓小平文选》（第二卷），人民出版社，1994，第356页。

按人口平均的国民收入还比较低，但同现在相比，经济实力和国防实力将大为增强。”[①]此时，邓小平的发展目标还未完全形成，发展目标和战略目标定位于20世纪末，随着后续的发展理念不断完善，“三步走”发展战略目标逐渐形成。1987年4月邓小平在会见香港特别行政区基本法起草委员会委员时提出：“更重要的是，有了这个基础，再过五十年，再翻两番，达到人均4000美元的水平……那时，十五亿人口，国民生产总值就是六万亿美元，这是以一九八〇年美元与人民币的比价计算的，这个数字肯定是居世界前列的。”[②]这时候提出的分步走发展理念有了初步的形态，但“翻两番”还未分为两步，未形成“三步走”战略。同年，邓小平在会见西班牙副首相格拉时，阐述了分三步走的战略步骤：“我们原定的目标是，第一步在八十年代翻一番。以一九八〇年为基数，当时国民生产总值人均只有二百五十美元，翻一番，达到五百美元。第二步是到本世纪末，再翻一番，人均达到一千美元。实现这个目标意味着我们进入小康社会，把贫困的中国变为小康的中国。那时国民生产总值超过一万亿美元，虽然人均数还很低，但是国家的力量有很大增加。我们制定的目标更重要的还是第三步，在下世纪用三十年到五十年再翻两番，大体上达到人均四千美元。做到这一步，中国就达到中等发达的水平。”[③]这时邓小平“三步走”发展战略已基本形成，在党的十三大上，“三步走”发展战略被正式确定下来。

以江泽民为核心的第三代中央领导集体，对邓小平的发展战略进行

①《中国共产党第十二次全国代表大会文件汇编》，人民出版社，1982，第17—18页。
②《邓小平文选》（第三卷），人民出版社，1993，第216页。
③《邓小平文选》（第三卷），人民出版社，1993，第226页。

了进一步细化，在十五大上提出了新“两步走”发展战略，即：“第一个十年实现国民生产总值比二〇〇〇年翻一番，使人民的小康生活更加宽裕，形成比较完善的社会主义市场经济体制；再经过十年的努力，到建党一百年时，使国民经济更加发展，各项制度更加完善；到世纪中叶建国一百年时，基本实现现代化，建成富强民主文明的社会主义国家。”[①]在2000年的时候，中国已经基本实现了“总体小康”的目标，江泽民在对社会主义发展规律和认识进一步深化的基础上，提出了“全面小康”的目标，他指出：“从新世纪开始，我国将进入全面建设小康社会，加快推进社会主义现代化的新的发展阶段。”[②]2002年，党的十六大召开，会议指出，第一步和第二步目标已经实现，同时提出了“全面建设小康社会”的新要求，指出在21世纪头20年，我们需要集中力量建设惠及十几亿人的更高水平的小康社会，实现“第三步”必须要以建设小康社会为前提，国内生产总值到2020年力争比2000年翻两番。随着发展的不断深入，发展不平衡问题逐渐显现出来，如城乡、区域、经济社会、人与自然等发展不平衡问题，2003年7月在全国防治“非典”工作会议上，胡锦涛强调：“我们要更好地坚持全面发展、协调发展、可持续发展的发展观，更加自觉地坚持推动社会主义物质文明、政治文明和精神文明协调发展，坚持在经济社会发展的基础上促进人的全面发展，坚持促进人与自然的和谐。”[③]促进协调发展，是实现“三步走”发展战略，保障全面建设小康社会的必要要

①中共中央文献研究室编《十五大以来重要文献选编》（上），中央文献出版社，2000，第4页。

②中共中央文献研究室编《十五大以来重要文献选编》（中），中央文献出版社，2001，第1369页。

③中共中央文献研究室编《十六大以来重要文献选编》（上），中央文献出版社，2005，第396—397页。

求。2007年，党的十七大提出了全面建设小康社会奋斗目标的新要求，胡锦涛提出："到我们党成立100年时建成惠及十几亿人口的更高水平的小康社会，到新中国成立100年时基本实现现代化，建成富强民主文明和谐的社会主义现代化国家。"[①]针对全面建设小康社会的目标，胡锦涛提出了深入贯彻落实科学发展观的发展理念，并将人民共享、生态文明、环境优美、全面协调可持续丰富到战略中。党的十七大报告指出："科学发展观，第一要义是发展，核心是以人为本，基本要求是全面协调可持续，根本方法是统筹兼顾。"[②]科学发展观作为科学的世界观和方法论，对于促进社会和谐、全面建设小康社会具有重要意义，为构建和谐社会提供了路径选择和方法论指导。

2012年，党的十八大又在经济发展、人民民主、文化软实力等方面提出了新要求，表明中国进入了全面建设小康社会的关键时期和深化改革开放、加快转变经济发展方式的攻坚时期。以习近平为核心的党中央在新的发展形势下，提出了中国梦的构想。中国梦指的是国家富强、民族振兴、人民幸福，具体来讲，就是到2020年国内生产总值和城乡居民人均收入在2010年基础上要翻一番，全面建成小康社会。到21世纪中叶，建成富强民主文明和谐的社会主义现代化国家，实现中华民族伟大复兴的中国梦。这是对"三步走"发展战略的新的继承和发展，是习近平立足于改革和发展的新时期，在对中国特色社会主义建设规律准确认识的基础上，提出的阶段性的发展目标。只有不断改革，用不断更新发展的发展战略理念指导社

①胡锦涛：《在纪念党的十一届三中全会召开30周年大会上的讲话》，人民出版社，2008，第35页。

②中共中央文献研究室编《十七大以来重要文献选编》（上），中央文献出版社，2009，第11—12页。

会主义建设，才能稳步实现伟大中国梦。

（三）分步走战略设计的重大意义

首先，分步走战略设计丰富了中国特色社会主义理论体系的内涵。以毛泽东为代表的第一代中央领导集体，创造性地把马克思主义的普遍原理和中国实际相结合，开辟了符合中国国情的中国特色社会主义道路，使一个以农业为主的农业大国迅速发展起来。邓小平的“三步走”发展战略立足于改革开放的大背景，不断探索、更新发展战略，提出比较符合实际的目标和部署，细化了毛泽东关于一百年建设一个伟大的社会主义强国的奋斗目标。从邓小平的“三步走”发展战略开始，经济社会建设就沿着这个大方向前进，并在实践中不断完善。江泽民通过新“三步走”发展战略对“三步走”发展战略进行进一步细化，锁定21世纪第一个十年实现国民生产总值比2000年翻一番，使人民的小康生活更加宽裕，形成比较完善的社会主义市场经济体制；再经过十年，到建党一百周年时，使国民经济更加发展，各项制度更加完善；到新中国成立一百年时，基本实现现代化，建成富强民主文明的社会主义国家。在中共十六大上，江泽民提出了21世纪前20年是全面建设小康社会时期，这个时期有四大奋斗目标，这是在结合中国国情和现代化建设的要求，根据人民的愿望的基础上发展的，为原来的发展战略增加了可持续发展等新内容。胡锦涛进一步提出了全面建设小康社会的新目标新要求，这实际上是对新“三步走”发展战略的再次细化。习近平新“两步走”和“两个一百年”目标是在继承和发展之前的建设理论基础上形成的，围绕中国梦这一主题展开，以全面建成小康社会和基本实现现代化为战略阶段、两个一百年目标为战略步骤、五大发展理念为发展理念、“四个全面”为战略布局，丰富了中国特色社会主义理论体系。

其次，指明了发展方向。分步走战略设计从最初以建立国家工业发展体系，实现“四个现代化”为目的的“两步走”战略到新时期的新“两步走”发展战略，经历了多次内涵的丰富与更新。随着党和国家经济社会建设经验的不断积累，提出的发展目标逐渐细化和完善，给予不同时期的发展更加切实可行的发展方案。这是党和人民智慧的体现，更是党执政能力和决策水平不断提升的体现。实施发展战略的最终目的，就是实现共同富裕和中华民族的伟大复兴，为此，党和政府不断探索发展途径，丰富发展理念。邓小平曾指出：“社会主义制度就应该而且能够避免两极分化。解决的办法之一，就是先富起来的地区多交点利税，支持贫困地区的发展。当然，太早这样办也不行，现在不能剥削发达地区的活力，也不能鼓励吃‘大锅饭’。什么时候突出地提出和解决这个问题，要研究。可以设想，在本世纪末达到小康水平的时候，就要突出地提出和解决这个问题。到那个时候，发达地区要继续发展，并通过多交利税和技术转让等方式大力支持不发达地区。不发达地区又大都是拥有丰富资源的地区，发展潜力是很大的。总之，就全国范围来说，我们一定能够逐步顺利解决沿海同内地贫富差距的问题。”[①]

再次，为实现中国梦奠定基础。十一届三中全会重申了四个现代化的奋斗目标，此后，邓小平提出了一条适合中国国情的现代化建设道路。在十二大上，他指出了“两步走、翻两番”的发展步骤。十三大上，正式提出了社会主义现代化建设“三步走”的发展战略。我国的快速腾飞从改

①《邓小平文选》（第三卷），人民出版社，1993，第374页。

革开放起步，在发展战略的指导下，生产力得到迅速发展，人民生活水平得到极大提高，全面实现现代化、建设小康社会稳步推进。这些成就的取得，都是历届领导人在总结基本实践和经验的基础上，深刻思考、解决束缚发展的众多阻碍，推动社会主义现代化建设不断进入发展新阶段。中国梦包括国家富强、民族振兴、人民幸福。国家富强是基础，“国家富强既包括经济的、物质的硬实力，也包括制度的、文化的、精神的软实力。强国梦是‘富强中国’‘民主中国’‘文明中国’‘和谐中国’和‘美丽中国’的有机统一，体现了在中国特色社会主义总布局下推进各项建设、改革和发展的基本要求”[①]。关于民族振兴，习近平指出：“中国梦是一种形象的表达，是一个最大公约数，是一种为群众易于接受的表述，核心内涵是中华民族伟大复兴。”[②]人民幸福是实现中国梦和中华民族伟大复兴的最终目的和归宿，是奋斗的目标，是努力的方向，是前进的动力。

二、科教兴国战略

（一）科教兴国战略的提出背景与内涵

邓小平早在1988年9月5日在会见捷克斯洛伐克总统胡萨克时的谈话中即果断提出了“科学技术是第一生产力”的论断，鲜明地指出了现代科技

① 毕京京、张彬主编《中国特色社会主义发展战略研究》，国防大学出版社，2015，第104页。
② 中共中央文献研究室编《习近平关于实现中华民族伟大复兴的中国梦论述摘编》，中央文献出版社，2013，第10页。

进步与现代社会发展之间的辩证关系。1992年春，他在视察南方谈话中又说："经济发展得快一点，必须依靠科技和教育。我说科学技术是第一生产力。"[①]这是一个划时代的科学论断。这一论断揭示了科学技术在人类社会发展中的关键作用，将人类对科学技术功能的认识提高到一个全新的水平，既突显了科学技术在中国特色社会主义事业中的战略地位，又创造性地发展了马克思主义关于生产力的学说。

邓小平还端正了人们关于科技与教育关系的一些错误认识，准确定位和论述了教育的地位和作用，提出了"基础在教育"的论断。他说："我们要实现现代化，关键是科学技术要能上去。发展科学技术，不抓教育不行。""抓科技必须同时抓教育。从小学抓起，一直到中学、大学。"[②]因为"我们国家要赶上世界先进水平，从何着手呢？我想，要从科学和教育着手"[③]。1983年10月，邓小平为景山学校题词，要求"教育要面向现代化，面向世界，面向未来"[④]。"科学技术人才的培养，基础在教育"。他号召"各行各业都要来支持教育事业，大力兴办教育事业"[⑤]，以教育的优先发展和全面振兴来带动科技的进步和经济的腾飞。为此，邓小平先后提出了"实现四个现代化，科技是关键，教育是基础"[⑥]"经济发展得快一点，必须依靠科技和教育"[⑦]"尊重知识，尊重人才。要反对不尊重知识分子的错误思想"[⑧]的著名论断。现代社会，教育担负着培养

①《邓小平文选》（第三卷），人民出版社，1993，第377页。
②《邓小平文选》（第二卷），人民出版社，1994，第40页。
③《邓小平文选》（第二卷），人民出版社，1994，第48页。
④《邓小平文选》（第三卷），人民出版社，1993，第35页。
⑤《邓小平文选》（第二卷），人民出版社，1994，第95页。
⑥《十三大以来重要文献选编》（上），人民出版社，1991，第153页。
⑦《十三大以来重要文献选编》（下），人民出版社，1991，第859页。
⑧《邓小平文选》（第二卷），人民出版社，1994，第41页。

科技人才、提高劳动者素质的重要任务，发展教育不仅是科技创新、经济持续增长、社会全面进步的必要条件，而且是提高全民族素质、把沉重的人口负担转化为人力资源优势、加快我国现代化建设步伐的一条必由之路。所以，邓小平指出：“一个十亿人口的大国，教育搞上去了，人才资源的巨大优势是任何国家比不了的。有了人才优势，再加上先进的社会主义制度，我们的目标就有把握达到。”[①]人才已成为知识经济时代的战略资源之一，因此，邓小平特别强调“尊重知识，尊重人才”。

新科技革命背景下产生的邓小平的科教兴国思想立足于我国社会主义现代化建设全局的高度，揭示了教育在促进科技进步、经济社会发展中的重要作用，强调了知识和人才的重要性，为我国教育事业的发展提供了重要的战略指导。这一思想既在许多方面继承了马克思、恩格斯、列宁的科技思想，又对其进行了全面的丰富和全新的创造，使马克思主义的科技思想在新时代得到了升华，达到了新的历史高度。

以江泽民为核心的第三代中央领导集体，针对世界多极化、经济全球化加速发展以及中国的改革开放事业不断向纵深推进的新形势，在科技和教育的发展方面提出了一系列新思想和新理论并进行了果敢实践，正式确立了我国的科教兴国战略。1992年10月，江泽民在十四大政治报告中指出：“科学技术是第一生产力。振兴经济首先要振兴科技。只有坚定地推进科技进步，才能在激烈的竞争中取得主动。当前，我国经济正面临着加速发展、调整结构、提高效益的重大任务，尤其需要全社会提高科技意识，多方面增加科技投入，真正依靠科技进步。”“科技进步、经济繁荣

① 《邓小平文选》（第三卷），人民出版社，1993，第120页。

和社会发展，从根本上说取决于提高劳动者的素质，培养大批人才。我们必须把教育摆在优先发展的战略地位，努力提高全民族的思想道德和科学文化水平，这是实现我国现代化的根本大计。”[①]科技和教育优先发展的战略地位，历经中国共产党两代领导集体的苦苦酝酿，我国的科教兴国战略终于在20世纪90年代被作为全党的共识进一步确定下来。

1995年5月6日，中共中央、国务院发布了《关于加快科学技术进步的决定》，指出：“科学技术是第一生产力，是经济和社会发展的首要推动力量，是国家强盛的决定性因素。为大幅度提高社会生产力，增强综合国力，提高人民生活水平，确保我国现代化建设三步走战略目标的顺利实现，必须大力发展科学技术，加速全社会的科技进步。”[②]

“科教兴国，是指全面落实科学技术是第一生产力的思想，坚持教育为本，把科技和教育摆在经济社会发展的重要位置，增强国家的科技实力及向现实生产力转化的能力，提高全民族的科技文化素质，把经济建设转到依靠科技进步和提高劳动者素质的轨道上来，加速实现国家的繁荣强盛。”[③]

“实施科教兴国战略，是全面落实科学技术是第一生产力思想的战略决策，是保证国民经济持续、快速、健康发展的根本措施，是实现社会主义现代化宏伟目标的必然抉择，也是中华民族振兴的必由之路。十一届三中全会以后，党的工作重点转移到以经济建设为中心，实施科教兴国战略，是这一转移的进一步深化和向更高阶段的发展，必将使生产力产生新

①《江泽民文选》（第一卷），人民出版社，2006，第232—233页。
②《十四大以来重要文献选编》（中），人民出版社，1997，第1342页。
③《改革开放三十年重要文献选编》（上），中央文献出版社，2008，第802页。

的飞跃。”[①]

2017年10月，党的十九大报告指出，要坚定实施科教兴国战略。“自1995年科教兴国战略提出以来，中国把科教创新和教育事业摆在重要位置，一大批重大原创成果领跑全球。经过长期努力，中国特色社会主义进入了新时代，‘科学技术是第一生产力’的论断深入人心，全民科学意识觉醒，中国科教事业发展的良好环境，成为了国家发展、民族振兴永不枯竭的重要源泉。”[②]

（二）科教兴国战略的重要地位

实施科教兴国战略，是党中央、国务院贯彻科学技术是第一生产力的思想，审时度势作出的一项重大决策，是保证国民经济持续快速健康发展的根本措施，是实现社会主义现代化宏伟目标的必然抉择，也是实现中华民族伟大复兴的必由之路。

江泽民在1995年5月26日召开的全国科学技术大会上的讲话中指出：“党中央、国务院决定在全国实施科教兴国战略，是总结历史经验和根据我国现实情况所作出的重大部署。没有强大的科技实力，就没有社会主义的现代化。”[③]“实施科教兴国战略，必将大大提高我国经济发展的质量和水平，使生产力有一个新的解放和更大的发展。”[④]这一战略的实施，为造就一支高水平的科学技术队伍，提高全民科技、教育水平，建设社会

①《十四大以来重要文献选编》（中），人民出版社，1997，第1344页。

②叶晓楠、郭超凯：《实施科教兴国战略　走科技强国之路》，《人民日报（海外版）》2017年11月28日。

③《江泽民文选》（第一卷），人民出版社，2006，第428页。

④《江泽民文选》（第一卷），人民出版社，2006，第428页。

主义现代化强国打下了坚实的基础。进入新世纪以后，随着知识经济和经济全球化的发展，人才在综合国力的竞争中越来越具有决定性意义。随后党的十四届六中全会提出了面向21世纪实施科教兴国的政策建议。1996年，八届全国人大四次会议正式提出了《国民经济和社会发展“九五”计划和2010年远景目标》，指出：“实施（科教兴国战略和可持续发展战略）这两大战略，对于今后十五年的发展乃至整个现代化的实现，具有重要意义。”①1997年十五大进一步把“科教兴国”确定为跨世纪的国家发展战略。1998年5月4日，江泽民在庆祝北京大学建校100周年大会的讲话中，明确提出：“当今世界，科学技术突飞猛进，知识经济初见端倪，国力竞争日趋激烈。……全党全社会都要高度重视知识创新、人才开发对经济发展和社会进步的重大作用，使科教兴国真正成为全民族的广泛共识和实际行动。”他还说，“教育应与经济社会发展紧密结合，为现代化建设提供各类人才支持和知识贡献。这是面向二十一世纪教育改革和发展的方向”②。江泽民从更高、更深、更长远的层面上揭示了在现实的知识经济已见端倪的时代，“科教兴国”是我们抓住机遇、迎接挑战的基本途径。在邓小平创新思想的基础上，江泽民将创新提高到了关系中华民族甚至全人类进步的高度。1999年8月，江泽民在中共中央、国务院召开的全国技术创新大会上指出：“科技创新已越来越成为当今社会生产力的解放和发展的重要基础和标志，越来越决定着一个国家、一个民族的发展进程。如果不能创新，一个民族就难以兴盛，难以屹立于世界民族之林。”③

①《十四大以来重要文献选编》（中），人民出版社，1997，第1770页。
②《江泽民文选》（第二卷），人民出版社，2006，第123页。
③《江泽民文选》（第二卷），人民出版社，2006，第392页。

2000年6月，江泽民在中国科学院第十次院士大会和中国工程院第五次院士大会的讲话中指出："面对世界经济、科技发展的新形势，我们必须在全国兴起一个科技进步和创新的高潮。我们要抓紧实施科教兴国战略和可持续发展战略，抓紧国家创新体系建设，抓紧推进科技创新和知识创新。""整个人类历史，就是一个不断创新、不断进步的过程。没有创新，就没有人类的进步，就没有人类的未来。""创新是一个民族进步的灵魂，是一个国家兴旺发达的不竭动力。"[①]2002年5月，江泽民在中国科学院第十一次院士大会、中国工程院第六次院士大会上把科技创新与"三个代表"重要思想联系起来，指出："科技进步和创新是生产力发展的关键因素，也是文化发展的重要因素。大力推进我国的科技进步和创新，是我们发展先进生产力和先进文化的必然要求，也是我们维护和实现最广大人民根本利益的必然要求。"他要求科技界"全面贯彻'三个代表'要求，坚持实施科教兴国战略，大力推进科技创新，努力为我国先进生产力和先进文化的发展，为维护和实现我国最广大人民的根本利益不断贡献智慧和力量"[②]。

以胡锦涛为总书记的党中央，面对国际国内各领域日新月异的变化，在总结科教兴国战略实施过程中所取得的经验教训的基础上，就我国科教工作的继续深化提出了新观点、新理论并付诸实施，使我国的科教兴国战略得以不断向前推进。当今世界国与国之间的竞争，本质上是科技与经济实力的竞争，最终归结为人才的竞争。继邓小平、江泽民的创新思想之后，胡锦涛将创新提到了国家发展的战略高度，并提出了关于创新的具体

①《江泽民文选》（第二卷），人民出版社，2006，第237页。
②《江泽民论有中国特色社会主义（专题摘编）》，中央文献出版社，2002，第236—237页。

目标和要求——建设创新型国家。

十八大以来，以习近平为核心的党中央，立足于以往实施科教兴国战略的实施经验和发展新要求的基础上，进一步提出了实施创新驱动发展战略。2013 年 10 月 23 日，习近平在会见清华大学经济管理学院顾问委员会海外委员会委员时表示，“科教兴国已成为中国的基本国策。我们将秉持科技是第一生产力、人才是第一资源的理念”。创新驱动发展战略，是对科教兴国战略的深化和提升，为实现中华民族的伟大复兴，中国将坚定不移地贯彻科教兴国战略和创新驱动发展战略，坚定不移地走科技强国之路。

总之，以邓小平、江泽民、胡锦涛、习近平为代表的中央领导集体，针对国内外不同时期的不同特点，提出了相互联系又各有特色的科教兴国理论，为我国科教兴国战略的酝酿、确立和推进注入了源源不断的精神动力，促进了我国科教事业的持续发展，进而推动了我国经济社会各方面的发展与进步。通过深入实施科教兴国、人才强国、创新驱动发展战略，我国的人才基础必将越来越雄厚，国家创新体系必将越来越完善，自主创新能力也将越来越强，我国的科技实力乃至综合国力必将逐步赶超发达国家。

（三）科教兴国战略取得的重大成就

十八大以来，以习近平为核心的党中央统筹推进“五位一体”总体布局和协调推进“四个全面”战略布局，针对科教兴国战略的进一步实施和深化提出了一系列的指导方针，作出了一系列的重大举措。“过去5年，中国大力实施科教兴国战略，创新成果丰硕，天宫、蛟龙、天眼、悟空、墨子、大飞机等重大科技成果相继问世……时下，‘中国制造2025’‘互联网+’行动计划……一系列以科技创新引领的‘大招’正在中国酝酿实施，将带给转型中的中国巨大的活力和经济增长潜力，科学创新的力量不仅重塑着发展的形态与内涵，也以前所未有的深度和广度影响着亿万人民的生活质量和思维方式。”①

当前，中国特色社会主义建设进入了新时期，新一轮的科技革命和产业变革正在孕育发展。中国将创新作为发展的第一驱动力，把科技创新放在国家发展全局的核心位置，大力实施创新驱动发展战略。中国通过科教兴国战略的实施，推动我国科技和教育事业进入了新的发展时期。科教兴国战略和创新驱动发展战略产生的成果对我国的经济发展产生了重大的影响。中国通过实施科技经费使用改革、科技成果转化、科技体制机制创新等方式，使科技进步对中国经济增长的贡献率超过57.5%。党和国家高度重视，并采取得力措施，强调科技工作的重点是加强技术创新，发展高科技；教育工作的重点是深化教育体制改革，全面推进素质教育。努力从体制、机制、政策及观念等各个方面促进科技、教育与经济、社会发展的结合，加大对科技教育事业的投入，启动一系列国家级科技教育计划。经过长期的发展，我国科技事业实现了新跨越。科技创新能力逐步增强，科学知识生产数量增长迅速，一些关键技术取得重大突破，某些重点和关键领域接近或达到国际先进水平，科技对经济社会发展的贡献不断增大，高新技术产业已成为拉动国民经济增长的重要力量，科技进步已成为我国经济和社会发展的强大动力。教育优先发展战略得到顺利实施，尤其是广大中西部地区农村义务教育大为改观，我国教育事业不断跃上新台阶，为社会主义现代化建设提供了强有力的智力支持。

①叶晓楠、郭超凯：《实施科教兴国战略　走科技强国之路》，《人民日报（海外版）》2017年11月28日。

三、人才强国战略

（一）人才强国战略的提出背景

我们党历来高度重视人才工作，注重发挥人才在革命、建设和改革中的重要作用。毛泽东曾指出："世间一切事物中，人是第一个最可宝贵的。"十一届三中全会后，邓小平提出了"尊重知识、尊重人才"的著名论断。2000年，江泽民进一步作出了"人才资源是第一资源"的科学论述。随着科技革命的迅速发展，综合国力的竞争越来越表现为人才的竞争。2003年12月19—20日在北京召开全国人才工作会议，胡锦涛总书记在会上发表了题为《实施人才强国战略，坚持党管人才原则》的重要讲话，提出要实施人才强国战略。胡锦涛指出："人才问题是关系党和国家事业发展的关键问题。全党同志必须从全局和战略的高度，以高度的政治责任感和历史使命感，把实施人才强国战略作为党和国家一项重大而紧迫的任务抓紧抓好。"以胡锦涛为代表的中央领导集体，在毛泽东、邓小平、江泽民的人才理论的基础上，结合新时期经济社会发展的新特点，提出了人才强国战略。2005年10月召开的十六届五中全会通过的《中共中央关于制定国民经济和社会发展第十一个五年规划的建议》进一步提出，要深入实施人才强国战略。"加快推进人才强国战略。树立人才资源是第一资源的观念，坚持党管人才原则。"①2007年，十七大进一步提出，要贯彻"四个尊重"的方针，坚持党管人才原则，统筹抓好各级人才队伍建设，创新

①《〈中共中央关于制定国民经济和社会发展第十一个五年规划的建议〉辅导读本》，人民出版社，2005，第26页。

人才工作体制机制，激发各类人才创造活力和创业热情，开创人才辈出、人尽其才的新局面。2016年4月19日，习近平主持召开网络安全和信息化工作座谈会并发表重要讲话，他指出："人才是第一资源。古往今来，人才都是富国之本、兴邦大计。"2017年10月，十九大报告再次强调："建设教育强国是中华民族伟大复兴的基础工程。要坚持党管人才原则，聚天下英才而用之，加快建设人才强国。"①人才强国战略，是党和国家回应新时期现代化建设对人才的新要求，是实现科学发展的必然选择和途径。建设教育强国，为社会主义现代化建设服务，为中华民族伟大复兴奠定基础，实现全体人民共同富裕和共同发展，是新时代中国特色社会主义教育的新要求。

首先，实施人才强国战略是应对世界科技革命和发展形势的必然要求。新中国成立以来，我国的综合国力显著增强，人民生活水平得到极大提高，但与发达国家还有较大差距，尤其是科技和人才资源方面。面对以科技和人才资源为核心的竞争，我们要想缩小与发达国家之间的差距，必须积极实施人才强国战略，培养优秀人才，为我国的现代化建设提供必要保障。在新一轮的世界竞争中，做好积极的人才储备，才能够在激烈的竞争中立于不败之地。党的十八大以来，中央确立了创新驱动发展战略和"中国制造2025"。实施发展战略，关键在于抓住"人才"这个核心，将人才强国战略作为第一发展战略。习近平在2013年10月21日欧美同学会成立一百周年庆祝大会上的讲话中指出："人才资源作为经济社会发展第一资源的特征和作用更加明显，人才竞争已经成为综合国力竞争的核心。谁

①习近平：《决胜全面建成小康社会　夺取新时代中国特色社会主义伟大胜利——在中国共产党第十九次全国代表大会上的报告》，人民出版社，2017，第45、64页。

能培养和吸引更多优秀人才，谁就能在竞争中占据优势。……没有一支宏大的高素质人才队伍，全面建成小康社会的奋斗目标和中华民族伟大复兴的中国梦就难以顺利实现。”①

其次，实施人才强国战略是国家发展的内在要求。在进行社会主义建设中，党逐渐认识到人才资源作为第一资源，在发展中所起的作用是非常大的。2000年，党的十五届五中全会提出，要把培养、吸引和用好人才作为一项重大的战略任务切实抓好。同年，江泽民作出了“人才资源是第一资源”的科学论述，正式设立了国家最高科学技术奖，该奖项是中国五个国家科学技术奖中最高级奖项，显示了国家对科技和人才的重视。“十五”计划将人才写入国家发展战略，“十一五”规划确立了人才在国家经济社会发展中的战略地位。2003年5月23日，在中央政治局会议上，会议肯定了近年来我国在人才建设方面取得的成绩的同时，提出了新时期我国人才建设工作的指导思想、重大任务和工作目标。同年11月24日，中央政治局再次重点研究了人才培养工作；12月19日，在全国人才工作会议上，要求把人才强国战略作为党和国家一项重大、紧迫的任务，是新世纪新阶段我国人才工作的根本任务。

最后，实施人才强国战略是国情的需要。从改革开放开始，我国的经济实力、科技实力、综合国力等都发生了巨大变化，但不可否认的是，我国的经济社会发展中存在着发展不平衡、不协调、不可持续的问题，资源、环境问题突出，限制着国家的发展。解决这些问题的关键，就是转变经济发展方式，而依靠科学技术能够迅速有效地促进问题的解决。依靠科

①习近平：《在欧美同学会成立100周年庆祝大会上的讲话》，《人民日报》2013年10月22日。

学技术，实际上就是依靠人才。习近平曾在中科院第十七次院士大会上指出："我国科技队伍规模是世界上最大的，这是我们必须引以为豪的。但是，我们在科技队伍上也面对着严峻挑战，就是创新型科技人才结构性不足矛盾突出，世界级科技大师缺乏，领军人才、尖子人才不足，工程技术人才培养同生产和创新实践脱节。"[①]

人才强国战略的核心是"人才兴国",运用人才的力量增强国家的实力，促进国家的有序发展，在知识创新、科技创新、产业创新等创新不断涌动的情况下，人才资源作为重要的战略资源，在以综合国力为主的国际竞争中发挥的作用越来越大。紧紧依靠人才兴邦强国，走人才强国之路，大力提升国家核心竞争力和综合国力，无疑就是人才强国战略的核心要义，概而言之，就是人才兴国。人才强国战略的工作重点是培养人才资源。培养人才资源首先需要确立科学人才观，把人才资源摆在重要的战略地位，用以人为本的观念进行人才培养。其次，需要党管人才。在全国范围内建立了人才工作领导协调机构，确立了人才工作领导和运行机制。再次，坚持需求与市场相结合。完善国家需求同市场需求结合起来，发挥市场的指导性作用。与市场相协调，市场拥有最灵活的调节方式，及时与市场需求契合，才能实现人才资源的最合理配置。人才强国战略根本着力点是促进发展。现阶段，以人为本作为党和国家工作的指导思想，深入地融合进了发展战略之中，以人为本，就是要重视提高人才培养的质量和水平。人才强国战略需要有体制和机制作保障，完善的人才保证制度，能够让人才的活力和能力尽量展现出来，进一步加快人才的选拔任用制度、考核评价制度、

---

①习近平：《在中国科学院第十七次院士大会、中国工程院第十二次院士大会上的讲话》，人民出版社，2014，第18页。

收入分配制度，促进人才的选拔、培养、评价、使用规范化。

（二）人才强国战略的目标和任务

实施人才强国战略，就是在建设中国特色社会主义的伟大事业中，把人才作为推进事业发展的关键因素，积极参与国际人才竞争，通过人才的培养、吸引和使用，努力造就大量的高素质劳动者和各级各类人才，建设一支规模宏大、结构合理、素质较高的人才队伍，充分发挥人才的积极性、主动性和创造性，开创人才辈出、人尽其才的新局面，大力提升国家核心竞争力和综合国力，为全面建成小康社会和实现中华民族伟大复兴提供重要保证。切实抓好人才强国战略，要坚持以新时代中国特色社会主义思想为指导，坚持党管人才原则，坚持以人为本，坚持“四个尊重”方针，把促进发展作为人才工作的根本出发点，紧紧抓住培养、吸引、用好人才三个环节，加强人才资源能力建设，深化人才工作体制改革，大力培养各类人才，加快人才结构调整，优化人才资源配置，促进人才合理分布，充分开发国内国际两种人才资源，努力把各类优秀人才集聚到党和国家的各项事业中来，使我国由人口大国转化为人才强国，为全面建成小康社会提供坚强的人才保证和智力支持。

当前和今后一个时期，实施人才强国战略任务很重，要重点抓好以下几个方面：一是以能力建设为核心，大力加强人才培养工作。人才资源能力建设是人才培养的核心，要树立大教育大培训观念，重点培养人的学习、实践和创新能力；加快构建现代国民教育体系，更好地为经济社会全面发展培养人才；加快构建终身教育体系，促进学习型社会的形成。二是坚持改革创新，努力形成科学的人才评价和使用机制。要建立以能力和业绩为导向、科学的社会化的人才评价机制；建立以公开、平等、竞争、择优为导向，有利于优秀人才脱颖而出、充分施展才能的选人用人机制。三是建设和完善人才市场体系，促进人才合理流动。要建立和完善人才市场体系，进一步发挥市场在人才资源配置中的基础性作用；促进人才合理流动，进一步消除人才流动中的各种限制，疏通人才流动渠道。四是以鼓励劳动和创造为根本目的，加大对人才的有效激励和保障。主要是通过完善分配激励机制来实现。五是突出重点，切实加强高层次人才队伍建设。要把高层次人才队伍建设摆上重要位置；加大吸引留学和海外高层次人才的工作力度。六是推进人才资源整体开发，实现人才工作协调发展。要坚持人才资源开发与经济社会发展相协调；进一步做好西部和民族地区人才工作；重视非公有制经济组织和社会组织人才工作；加强高技能人才和农村实用人才队伍建设；大力抓好青年人才队伍建设。

（三）人才强国战略的重大意义

在邓小平、江泽民创新思想的基础上，胡锦涛阐发了关于创新的具体目标和要求，特别强调了人才之于国家强盛的极端重要性。2006年1月9日，他在全国科学技术大会上以《坚持走中国特色自主创新道路，为建设创新型国家而努力奋斗》为题作了重要讲话。“科技创新，关键在人才。杰出科学家和科学技术人才群体，是国家科技事业发展的决定性因素。当前，人才竞争正成为国际竞争的一个焦点。无论是发达国家还是发展中大国，都把科技人力资源视为战略资源和提升国家竞争力的核心因素，大力加强科技人力资源能力建设。源源不断地培养造就大批高素质的具有蓬勃创新精神的科技人才，直接关系到我国科技事业的前途，直接关系到国家和民族的未来。”[①]党的十八大以来，习近平高度重视培养人才，注重实施人才强国战略，他指出：“知识就是力量，人才就是未来。我国要在科技创新方面走在世界前列，必须在创新实践中发现人才、在创新活动中培育人才、在创新事业中凝聚人才，必须大力培养造就规模宏大、结构合理、素质优良的创新型科技人才。”[②]在人才培养方面，他强调“在全社会大兴识才、爱才、敬才、用才之风”“择天下英才而用之”“坚持党管人才”等。这些政策、理论体现了党和国家对人才的重视，对人才培养的决心。

实施人才强国战略具有多方面重大意义：

第一，实施人才强国战略，是应对日益激烈的国际竞争的必然要求。当今世界，人才资源已成为最重要的战略资源，人才竞争已成为最具全局影响力的竞争，人才工作已成为各个国家最重视的一项工作。当今世界的竞争，本质上是科技与经济实力的竞争，最终归结为人才与教育实力的竞争。一个民族、一个国家普及教育程度与科学文化素质的高低，则是决定这个民族或国家的科技与经济发展水平的主要因素，实际上还决定着其在国际竞争中的地位和命运。在世界新科技革命推动下，知识在经济社会发展中的作用日益突出，国民财富的增长和人类生活的改善越来越有赖于知识的积累和创新。科技竞争成为国际综合国力竞争的焦点。当今时代，谁在知识和科技创新方面占据优势，谁就能够在发展上掌握主动。

第二，实施人才强国战略，是党和国家抓住和用好重要战略机遇期所

①胡锦涛：《坚持走中国特色自主创新道路 为建设创新型国家而努力奋斗——在全国科学技术大会上的讲话》，人民出版社，2006，第16页。

②习近平：《在中国科学院第十七次院士大会、中国工程院第十二次院士大会上的讲话》，人民出版社，2014，第17页。

必须完成的一项重大而紧迫的任务。人才强国战略是我们党和国家面对新世纪新阶段的发展任务和时代挑战而提出的一项重大战略。实施人才强国战略，是我们党根据新世纪新阶段国际国内形势的新变化，适应党的历史任务要求而作出的一项重大决策。国以才立，政以才治，业以才兴。一个国家、一个民族、一个政党，只有人才辈出，才能兴旺发达。况且，机遇难得，人才难求。因此，大力实施人才强国战略，是抓住并用好重要战略机遇期、应对日益激烈的国际竞争的必然要求，也是增强党的执政能力、巩固党的执政地位的必然要求。

第三，实施人才强国战略，是充分发挥我国人口优势、增强我国发展后劲的重大战略决定。我国是当今世界的人口大国，同时又是人均资源小国，发展越来越受到资源供给的严重制约。但与其他资源的相对短缺比较起来，中国的人力资源却是世界上最为丰富的。然而，中国又并非人才大国，人才总量和质量与世界上发达国家相比差距很大，也与我国社会主义现代化建设的要求不相适应。因此，真正把人才资源能力建设作为一项重要战略任务，摆在人才强国战略的优先位置，着眼于人才总量的增长和人才质量的提升，为各类人才不断涌现和充分发挥作用奠定坚实基础。

四、区域协调发展战略

（一）区域协调发展战略的历史演进

统筹区域发展，促进地区协调发展，缩小区域间的发展差距，是我国经济社会发展的一个重要原则。新中国成立以来，我国区域发展战略经历了“均衡—非均衡—均衡”的演变。改革开放以来，各地区都有很大发展，但地区发展的差距也在不断扩大。进一步统筹区域发展，缩小区域间的发展差距，不仅是经济问题，也是政治问题，不仅关系现代化建设的全局，也关系社会稳定和国家的长治久安。因此，十九大进一步提出了我国区域发展总体战略，将区域协调发展战略上升为国家战略，对促进区域协调作出了全面规划，形成了我国区域协调发展的总体战略布局。

关于区域协调发展的概念长久以来没有形成统一的标准。多数学者认为，区域协调发展是指“相关区域之间在经济、政治、文化、社会、生态发展上相互联系、关联互动、正向促进，区域利益同向增长，区域差异趋于缩小的过程和状态。区域协调发展的核心是实现区域之间经济发展的和谐、经济发展水平和人民生活水平的共同提高、社会的共同进步”。这一表述比较全面而准确地阐述了协调的意义，指出了区域间只有通过相互支撑、相互促进才能实现地区的和谐发展，社会的共同繁荣和进步。就中国经济社会来说，区域协调发展的目标就是形成主体功能定位清晰，东中西良性互动，公共服务和人民生活水平差距趋向缩小的区域协调发展格局，同时坚持以经济建设为中心，从经济与人口、资源、环境、社会的相互协调中推动经济建设的可持续发展。新中国成立以来，党中央领导集体都非常重视区域经济社会的发展，在不同的历史时期都提出过相应的战略指导思想以促进区域经济的发展。而区域经济发展战略的演变大致分为五个阶段：

第一阶段为1949—1978年改革开放之前的均衡发展期。从新中国成立到改革开放前的29年里，中国经济的发展因受国际形势变化和国内局势诸多因素的影响有起有伏，区域发展战略也经历了数次变化。但总体来说，在计划经济体制之下中共中央强调国民经济综合平衡、部门平衡的同时，突出了地区经济的平衡发展。由于新中国成立初期，党中央接收了国民党留下来的烂摊子，在百废待兴的局面下，需要进行大规模的恢复和经济建设。然而，在当时东部沿海地区土地面积占全国12%，工业产量却占到全国的75%。而内地尤其是西部地区土地面积虽然很大，但工业产量远不及沿海发展地区。面对旧中国这样一个区域经济发展极不平衡的状况，国家作出适时调整，将全国分为沿海和内地两大经济地带，沿海侧重于改造老工业基地，而内地则侧重于建设新的工业基地。毛泽东指出："新的工业大部分应当摆在内地，使工业布局逐步平衡，并且利于备战，这是毫无疑义的。"[①]但在新中国成立后新的历史条件下，毛泽东就更加注重利用和发展沿海已有的工业优势来支持内地工业。进而八大通过的《关于发展国民经济的第二个五年计划（1958—1962）的建议》中指出："在第二个五年计划期间，必须根据资源情况和合理分布生产力的原则，在内地继续建立和积极准备建立新的工业基地，使全国各地区经济逐步走向平衡发展。但是在内地进行大规模工业建设的同时，还必须积极地、充分地利用并且适当地发展近海各地原有的工业，这不但是为着适应国家和人民日益增长的需要，而且也是为着支援内地的建设。"[②]按照这些思想的指导，经济出现了明显的增长势头。

然而三年"大跃进"时期，我国区域经济发展战略出现了暂时的紊

①《毛泽东文集》（第七卷），人民出版社，1999，第26页。

②中共中央文献研究室编《建国以来重要文献选编》（第九册），中央文献出版社，1994，第362页。

乱，需要对原有的政策进行调整。鉴于“大跃进”所造成的困难局面，1964年4月，国家计划委员会按照中央继续调整国民经济的指导方针，拟定了“三五”计划的初步设想，把原来以发展工业为基础调整为大力发展农业、着重解决人民吃穿用为中心。“文化大革命”时期，整个国民经济处于停滞状态，一再强调的均衡发展也受到了很大的影响。1968年以后，东部与中西部地区差距开始不断扩大，东部与西部的相对差距则呈现先缩小后扩大的趋势。

第二阶段为改革开放之初到20世纪90年代初的非均衡区域发展战略。十一届三中全会以后，邓小平从我国社会主义初级阶段地区经济文化发展很不平衡的基本国情出发，立足现实面向未来，高瞻远瞩地提出了现代化建设“三步走”和“两个大局”的战略构想。这一时期区域发展战略的主要内容，是优先发展东部沿海地区，以沿海发展来带动中西部的发展。总体上对我国生产力布局和地区经济发展政策作了较大调整，从过去主要强调均衡、平衡发展，转变为强调有快有慢、注重经济整体发展速度和效益，将发展的重点又放在了沿海地区，加大了沿海地区的投资比重。改革开放初期，沿海地区凭借地理优势、良好的经济基础和国家政策的大力扶植，成为改革开放的领头羊，经济发展突飞猛进。同时也发挥了区域经济的带动作用，中西部经济比改革开放之前有了很大的提高。但是非均衡发展可预见的结果必然是地区经济差距的扩大化，尤其是东部沿海城市与西部欠发达地区的差距有扩大趋势，这必然引起社会问题及更深层次的民族问题。同时，政策倾向东部沿海地区，必然导致产业结构倾斜和地区经济的倾斜等多种问题。虽然国家已重视这些问题也采取了一些举措，但不能实现全局性的发展。因此区域发展战略思想的改变迫在眉睫。

第三阶段为20世纪90年代的轴线式区域发展战略。20世纪90年代实施的非均衡区域发展战略使得东西部发展差距逐步增大，地区间利益矛盾日益尖锐，促使中央政府不得不重新考虑经济发展中的效率与公平问题。“八五”期间，我国区域政策由单纯注重经济增长转变到注重效率兼顾公平的方向上，国家在继续发挥沿海地区增长优势的同时，加快了对中西部的开发，区域政策的重心由东部沿海地区的带状式发展演变为以东部带中部及西部的轴线式发展模式。此后，江泽民于十四届五中全会上提出了坚持区域经济协调发展，逐步缩小地区发展差距的方针。“九五”计划再次提出要促进区域经济协调发展，并进一步突出了实现区域经济协调发展在我国经济和社会发展中的地位。区域协调发展的思想正在形成。

第四阶段为21世纪初在科学发展观指导下的区域协调发展战略。江泽民在继承和发展邓小平的区域发展理论的基础上，于1999年十五届四中全会上正式提出了西部大开发的战略，标志着注重公平的区域协调发展战略的启动。“十五”计划强调了东中西三大地带在发展中各自的地位和作用，明确提出实现区域发展中的优势互补。十六大报告中第一次正式提出振兴东北老工业基地的国策。2004年，中部地区崛起战略崭新出炉。进而“十一五”规划正式把“坚持实施推进西部大开发，振兴东北地区等老工业基地，促进中部地区崛起，鼓励东部地区率先发展”确定为我国的区域发展总体战略。这一战略思想是对改革开放以来我国非均衡区域经济发展战略的重大调整。它从非均衡的发展思路中跳出来，纵观经济社会发展全局，发挥各地优势和潜力，促进地区间经济的共同发展和繁荣。十七大再次明确指出“缩小区域发展差距，必须注重实现基本公共服务均等化，引导生产要素跨区域合理流动。要继续实施区域发展总体战略，深入推进西部大开发，全面振兴东北地区等老工业基地，大力促进中部地区崛起，积极支持东部地区率先发展。加强国土规划，按照形成主体功能区的要求，完善区域政策，调整经济布局”[①]。这一思想是对我国缩小地区差距战略的重大创新与完善。由此我国的区域协调发展思想不断得到深化和完善，它充分体现了科学发展观和构建社会主义和谐社会的重大战略思想，是新时期指导区域经济发展的重要思想。

第五阶段为党的十八大以来，以习近平为核心的领导集体审时度势，在吸收党和国家历届领导人探索区域发展所取得的经验的基础上，丰富了我国的区域发展理论。习近平从经济发展与保护环境相结合的角度出发，指出要处理好人与自然的关系，区域经济发展应遵循自然发展的规律。他指出：“要正确处理好经济发展同生态环境保护的关系，牢固树立保护生态环境就是保护生产力、改善生态环境就是发展生产力的理念，更加自觉地推动绿色发展、循环发展、低碳发展，决不以牺牲环境为代价去换取一时的经济增长。”[②]同时，区域发展必须“严格按照优化开发、重点开发、限制开发、禁止开发的主体功能定位，划定并严守生态红线，构建科学合理的城镇化推进格局、农业发展格局、生态安全格局，保障国家和区域生态安全，提高生态服务功能”[③]。只有把人口、资源、环境与经济社会发展协调起来，才能实现经济社会的可持续发展。习近平的区域发展理念，体现了新时期党和政府对生态保护、治理环境污染的重视程度，这是具有长远眼光和大局理念的体现。

---

①胡锦涛：《高举中国特色社会主义伟大旗帜　为夺取全面建设小康社会新胜利而奋斗——在中国共产党第十七次全国代表大会上的报告》，人民出版社，2007，第25页。

②习近平：《习近平谈治国理政》，外文出版社，2014，第209页。

③习近平：《习近平谈治国理政》，外文出版社，2014，第209页。

（二）区域协调发展战略的发展重点和新内涵

区域差异大、发展不平衡是我国的基本国情。长期以来，由于条件差异显著，我国经济社会发展极不平衡。因为我们建设的现代化是整个中国的现代化，我们建设的小康社会是全面小康社会，我们要实现的富裕是全体人民的共同富裕，要实现的发达是整个中国的发达，所以，区域协调发展的极端重要性显而易见。

我国区域经济的协调发展，主要是处理好东部和中西部等其他地区的关系。新中国成立以后，以毛泽东为核心的第一代中央领导集体，积极探索适合中国国情的社会主义建设道路，提出了事关社会主义建设大局的十大关系问题，其中就包括了东西部发展的重大问题。十一届三中全会以后，以邓小平为核心的第二代中央领导集体，立足现实，面向未来，为我国制定了“三步走”的发展战略，提出了包括促进东西部地区经济合理布局和协调发展的两个大局思想。在改革开放之初，邓小平提出设立沿海经济特区，促使一部分地区、一部分人先富起来，通过先富带动后富，促进其他地区致富。邓小平提出：“我认为要允许一部分地区、一部分企业、一部分工人农民，由于辛勤努力成绩大而收入先多一些，生活先好起来。一部分人生活先好起来，就必然产生极大的示范力量，影响左邻右舍，带动其他地区、其他单位的人们向他们学习。”①

1988年，邓小平提出了两个大局区域发展思想，他指出：“沿海地区要加快对外开放，使这个拥有两亿人口的广大地带较快地先发展起来，从而带动内地更好地发展，这是一个事关大局的问题。内地要顾全这个大

①《邓小平文选》（第二卷），人民出版社，1994，第152页。

局，反过来，发展到一定的时候，又要求沿海拿出更多力量来帮助内地发展，这也是个大局。那时沿海也要服从这个大局。”[①]这两个大局思想，其一是加快沿海地区的改革进程，提高沿海地区的经济发展水平，其二是沿海地区发展以后要支援内地的发展，最终实现共同富裕。中西部经济发展速度相比东部地区要慢得多，所以邓小平提出的两个大局思想的第二个大局并没有完全实现，但西部大开发战略被提上了发展议程。

以江泽民为核心的第三代中央领导集体，按照邓小平的两个大局思想，在十五届四中全会上明确提出实施西部大开发战略，这是面向新世纪新形势新任务而作出的重大决策。进入新世纪，根据我国当前区域发展的实际情况和全面推进现代化建设的要求，以胡锦涛为总书记的党中央进一步提出了促进地区协调发展的战略思想：继续推进西部大开发，振兴东北地区等老工业基地，促进中部地区崛起，鼓励东部地区率先发展，形成分工合理、特色明显、优势互补的区域产业结构，推动各地区共同发展。

十八大以来，以习近平为核心的党中央拓展了区域发展和战略部署的内涵，既包括西部大开发、东北等老工业基地振兴、中部崛起、东部优先发展等，又涵盖支持资源型地区经济转型发展、坚持陆海统筹，加快建设海洋强国等战略部署。2013年9月7日，习近平在哈萨克斯坦纳扎尔巴耶夫大学作了《弘扬人民友谊，共创美好未来》的演讲，提出了构建“丝绸之路经济带”的设想，他指出“为了使我们欧亚各国经济联系更加紧密、相互合作更加深入、发展空间更加广阔，我们可以用创新的合作模式，共同建设‘丝绸之路经济带’。这是一项造福沿途各国人民

①《论社会主义市场经济》，中央文献出版社，2006，第456页。

的大事业”[①]。把握发展机遇，构建良性互动、合作共赢的区域发展共同体的理念，丝绸之路上的各个国家应该加强区域合作和增加交流，在自然资源、科技人才、产品等方面互通互鉴，优势互补。2013年10月3日，习近平在印度尼西亚发表了题为《携手建设中国—东盟命运共同体》的演讲，提出了中国与东盟各国构建海上丝绸之路的设想，他指出需要进一步加强海上丝绸之路的建设。2014年2月26日，习近平听取京津冀协同发展工作汇报后，提出了有关京津冀协同发展的七点要求。2014年3月5日，习近平在参加十二届全国人大二次会议上海代表团审议时强调建设上海自由贸易试验区。2014年4月25日，习近平在中共中央政治局会议上提出了继续坚持西部大开发战略、振兴东北老工业基地、京津冀协同发展、推动长江经济带发展。

以习近平为核心的党中央根据世界发展的新趋势和实现民族伟大复兴的使命，为以往的区域发展战略赋予了全新的内涵，注入了新的动力，是新时代区域发展的理论指导。改革开放以来，我国的不同区域之间、城乡之间的发展差距越来越大，这种发展不平衡的情况影响到了全面发展和建成小康社会的实现，也会带来诸多的社会问题，因此，习近平的新的区域发展战略及时调整了区域发展思路，照顾中西部地区和农村地区等落后地区的发展，实现国家范围内全方位的协同发展。

（三）区域协调发展战略的“三大目标”与实现途径

十九大报告提出，要实施区域协调发展战略。在 2017 年 12 月 18 日

①习近平：《习近平谈治国理政》，外文出版社，2014，第289页。

召开的2018中央经济工作会议上，则进一步指出了区域协调发展的三大目标，即“要实现基本公共服务均等化，基础设施通达程度比较均衡，人民生活水平大体相当”[①]。“基本公共服务均等化”是指全体公民都能公平地获得大致均等的基本公共服务，基本公共服务主要涉及公共教育、社会保险、社会服务、医疗卫生、就业创业、住房保障、残疾人服务、文化体育等八个领域。目前在基本公共服务方面的不均衡主要表现在：东西部高等教育入学率差距大、每万人拥有医院床位数差距明显、互联网普及率差距显著等。

推动基础设施均衡发展是区域协调发展战略的一个重要目标。伴随铁路和通信网的快速发展，我国区域间互联互通化程度大大增强，形成了东西南北纵横、四方联动的新格局，但基础设施建设方面差距仍旧十分明显。加强交通网络的建设，构建现代化的交通网络系统，实现基础设施共建共享，是区域协调发展的重要任务。“人民生活水平大体相当”，反映了以人民为中心的发展思想，是共享理念的体现。目前，地区之间人民生活水平差距明显，农村贫困人口如何脱贫，是需要解决的重点问题，要坚决打好精准脱贫的攻坚战，解决区域性贫困。根据十六届三中全会、十六届五中全会、十七大、十八大和十九大的相关部署，要实现区域协调发展，关键在于落实以下主要措施：

一是保持地区间经济的平稳较快增长。一方面要继续鼓励东部沿海地区的自主创新能力，转变经济增长方式，推动产业结构的优化升级，以提升国家经济竞争力，保障全国经济持续快速增长。另一方面要继续推进中

---

①《中央经济工作会议在北京举行》，《人民日报》2017年12月21日。

部崛起，深入实施西部大开发战略。近年来，国家加大对中西部地区基础设施建设的投入以及中央财政转移支付力度，促进了西部地区国土资源的开发，吸纳大量投资，促进了西部地区的发展。通过这些举措，东中西部地区能利用地区优势，优化发展环境，增强自我发展能力，从而促进地区经济的共同发展。

二是各地区划定不同功能区实施区域发展战略。功能区是指根据不同区域的发展潜力和资源环境承载能力，按区域分工和协调发展的原则划定的具有某种主体功能的规划区域。各个地区都要根据资源环境的承载力、地区发展基础和发展潜力对国土资源进行合理有序的开发。各地区都应明确优化开发、重点开发、限制开发和禁止开发的区域，根据自身条件和其主体功能定位优化生产力空间布局，规范空间开发秩序，逐步形成合理的空间开发结构，促进地区间优势互补，缩小区域差距。

三是加快推进基本公共服务均等化。实行基本公共服务均等化，具体来说就是要解决就业问题，完善社会保障体系。尤其是要加大农村地区义务教育、公共卫生、基本医疗、社会保障等方面的投入。同时在公益基础性服务方面，政府应加大公益基础设施建设和生态环境保护，为全体公民提供良好的环境；在公共安全性服务方面，政府应使每一个公民平等地享有安全的公共产品和公共服务，这样就为形成惠及全民的公共服务体系打下坚实的基础。

四是继续建立健全区域协调互动机制。十九大报告指出："加大力度支持革命老区、民族地区、边疆地区、贫困地区加快发展，强化举措推进西部大开发形成新格局，深化改革加快东北等老工业基地振兴，发挥优势推动中部地区崛起，创新引领率先实现东部地区优化发展，建立更加有效的区域协调发展新机制。”[①] 努力健全市场机制就是要打破地区条块分割，实现区域和全国统一的大市场，使生产要素在区域和全国范围内自由流动，实现资源合理有效配置，促进经济高效平稳增长；健全合作机制，充分发挥各区域资源禀赋优势，在政府等中介的推动下加强地区合作，节约成本，实现优势互补。

五是加大对欠发达地区和困难地区的扶持。将中央财政转移支付资金重点用于中西部地区，尽快使中西部地区基础设施和教育、卫生、文化等公共服务设施得到改善，逐步缩小地区间基本公共服务差距。要加大对革命老区、民族地区、边疆地区、贫困地区以及粮食主产区、矿产资源开发地区、生态保护任务较重地区的转移支付，加大对人口较少民族的支持。支持经济发达地区加快产业结构优化升级和产业转移，扶持中西部地区优势产业项目。鼓励东部地区带动和帮助中西部地区发展，扩大发达地区对欠发达地区和民族地区的对口援助，形成以政府为主导、市场为纽带、企业为主体、项目为载体的互惠互利机制。建立健全资源开发有偿使用制度和补偿机制，对资源衰退和枯竭的困难地区的经济转型实行扶持措施。

六是继续实施可持续发展战略，实现人与自然和谐发展。经济的发展绝对不能以牺牲环境作为代价。当前在实施区域协调发展战略的同时，绝对不能忽视人与自然的和谐相处。要坚持将生态保护和环境治理放在更加突出的位置，转变发展观念，创新发展理念和模式，提高发展质量，努力形成人口、经济、资源环境相协调的发展模式。

十八大以来，中国着力推进区域协调发展，形成了京津冀协同发展、

---

①习近平：《决胜全面建成小康社会　夺取新时代中国特色社会主义伟大胜利——在中国共产党第十九次全国代表大会上的报告》，人民出版社，2017，第32—33页。

长江经济带发展、“一带一路”三个支撑和西部大开发、中部崛起、东北振兴、东部率先发展的“四大板块”联动的区域发展格局。十九大报告再次明确了实施区域协调发展战略，对区域发展作出新部署，有利于优化发展格局，形成区域良性互动，推进区域合作共赢。

五、可持续发展战略

（一）可持续发展战略提出的国际和国内背景

1980年3月，联合国大会第一次使用了可持续发展的概念，随后这个概念逐渐被更多的官方文件使用。1983年11月，联合国成立世界环境与发展委员会。1987年在世界环境与发展委员会上，挪威首相布伦特兰夫人对可持续发展概念作出了明确的定义：可持续发展指既满足当代人的需要，又不损害后代人满足其需要的能力的发展。及至1992年，联合国环境与发展大会通过《21世纪议程》，更进一步确认和明晰了可持续发展观的理念与内涵。

几十载的理论突破，终于在20世纪的最后十年开始有了实践的收获。美国、德国、英国、中国、巴西等国家，都先后提出了自己的21世纪议程或行动纲领，不约而同地强调要在经济、社会与环境等方面协调共进。

增长给中国人带来的福利是巨大的，2003年党的十六届三中全会提出了树立和落实科学发展观，2007年党的十七大再次提出可持续发展战略。2012年6月1日国家发改委发布了《中华人民共和国可持续发展国家报告》，介绍了中国在可持续发展道路上取得的成绩。2013年11月9日，党的十八届三中全会召开，会议通过了《中共中央关于全面深化改革若干重大问题的决定》，决定明确全面深化改革的五大体制改革要点。其中，经济体制改革是全面深化改革的重点，要坚持和完善基本经济制度，加快完善现代市场体系、宏观调控体系、开放型经济体系，加快转变经济发展方式，加快建设创新型国家，推动经济更有效率、更加公平、更可持续发展。《中共中央关于全面深化改革若干重大问题的决定》反映了党和国家从顶层设计方面规划破除各种体制机制上的障碍，推动国家发展转型，解决政府干预过多、市场经济体制不完善、资源价格扭曲等问题的方法。

我国可持续发展面临着严峻挑战：人口众多给环境带来了沉重负担，资源短缺和超常规利用对发展产生了很大压力，环境污染直接危及社会经济的发展，城市化发展带来了一系列问题，区域发展不平衡在加剧。但党和国家逐渐重视可持续发展，将可持续发展战略上升到国家战略的层面。党的十八大以来，以习近平为核心的党中央围绕坚持和发展中国特色社会主义、实现中华民族伟大复兴中国梦，提出了创新、协调、绿色、开放、共享的五大发展理念，指明了“十三五”及今后更长时期我国的发展思路、发展方向。“坚持创新发展、协调发展、绿色发展、开放发展、共享发展，是关系我国发展全局的一场深刻变革。”[①] 党的十九大将以五大发展理念为核心的新发展理念上升为新时代坚持和发展中国特色社会主义的一条基本方略。针对发展中存在的问题，提出了一系列的方法与措施，补齐发展中存在的短板，着力提高发展质量和效益，改善生态环境，力争扫清可持续

①中共中央文献研究室编《十八大以来重要文献选编》（中），中央文献出版社，2016，第793页。

发展道路上的障碍。

（二）我国可持续发展战略的内涵与发展重点

根据人类社会生产活动地域空间范围的尺度，可以将可持续发展分为全球可持续发展、国家可持续发展和区域可持续发展等级别。我国可持续发展的目标可以概括为：国家的自然资源、环境与社会以及经济间的相互协调，既能满足当代人的需求，又不损害后代人满足其需求的能力。其基本内涵就是坚持以人为本，协调好人口、资源、环境和经济发展之间的关系，保持和谐、高效、优化、有序、长期的发展。可持续发展意味着不但要保证经济社会的稳定和持续发展，还要保证人口增长得到有效控制，自然资源得到合理开发利用，生态环境保持良性循环发展。其实质就是要求国家不但要实现经济的可持续增长，同时又能兼顾人口、环境、自然资源等多方面因素，从全局利益和长远利益出发实现可持续发展。

按照可持续发展的要求，要把握好发展重点。一要加大环境保护力度，促进资源合理利用。近年来，国家不断出台相关法规政策，加大环境保护的力度，一方面呼吁人类提倡新式的生态生活方式和生态消费方式，减少资源消耗，提高环保意识。另一方面，研制和普及保护环境的新技术，减少环境污染。通过注重发展科学技术，大量使用先进科技来降低单位生产量的消耗，降低物耗，减少污染，最终实现少投入、多产出的发展模式。通过循环利用、节能技术等措施高效利用资源和生态服务。着重淘汰那些能源消耗高、资源浪费大、污染严重的工艺、装备和产品。充分利用各种自然资源和物质的潜能，综合开发，综合利用，实现环境保护和经济发展。

二要协调经济和环境之间的关系，促进共同发展。可持续发展不单是经济的协同发展，还包括了人与自然之间、经济发展与社会发展之间、经济与环境之间的协调发展。任何一个方面做不好都不能称为协调的发展。可持续发展的主要目标是实现经济、社会与生态的协调发展。自然环境作为人类社会发展的自然物质基础，也为经济发展提供了自然资源。而经济的发展，既在一定程度上造成环境的破坏，同时又为环境的改善提供了必要的物质条件。要实现可持续发展就必须兼顾现实利益与长远利益、局部利益与整体利益。因此要充分考虑自然资源的再生能力与替代能力、生命支持系统的循环与净化能力和生物多样性的保护。唯此，才能实现经济与环境的共存共荣。

（三）我国可持续发展的实施状况

新中国成立以来，尤其是改革开放以后，我国的经济社会发展取得的成就显著，可持续发展理念逐步由理念上升到国家的发展战略。过去，我国重视发展速度，忽略发展质量和效益，导致了经济发展的粗放化和同质化，导致了发展难以持续、社会矛盾增加。中国在探索可持续发展道路上取得了很大的成就，经过几代领导集体和广大人民的共同努力，我国的国民经济持续快速发展，综合国力显著增强，人民的生活水平和质量得到了明显的提高，我国的经济发展方式有了极大的转变；发展中存在的环境污染、生态破坏等问题有所改善，国家加大了对生态建设、保护环境、污染治理等方面的投入；人民的保护环境等观念显著增强。

《2015中国可持续发展报告》的主题为“重塑生态环境治理体系”，报告指出了新时期我国全面深化改革背景下生态环境的治理格局所面临的机遇、挑战和存在的问题，对生态环境治理体系改革所涉及的法制保障、行政管理体制改革、企业责任、社会治理、创新治理、全球治理及重大制度进行了分析。同时指出我国正面临极其严峻的资源环境挑战，当前，大气、水、土壤等常规污染呈现出区域性、流域性、系统性和跨行政区污染发展趋势。而且，在常规污染问题未解决的情况下，持续性毒害污染等新型环境污染不断涌现和加剧。我国近年因资源与环境问题导致原材料的成本和环境治污成本增加的情况，成为制约发展的瓶颈。

新时代以习近平为核心的党中央提出了新发展理念，积极探索发展模式，把创新摆在国家发展全局的核心位置，实施创新驱动发展战略，促使新业态新模式不断涌现，新产品新服务快速成长，新兴产业不断涌现，新产品新服务快速成长，新旧动能加速转换。“四个全面”的战略布局和五大发展理念是推动经济社会发展的根本理念，是党和国家各项工作的战略目标和重要举措，是党和政府对可持续发展战略的有效发展和延伸，能够有效地补齐发展短板。习近平指出：“谋划‘十三五’时期经济社会发展，必须全力做好补齐短板这篇大文章，着力提高发展的协调性和平衡性。”[①]五大发展理念，将经济建设、政治建设、文化建设、社会建设、生态文明建设、国防建设、党的建设等统一起来，突出强调薄弱环节和滞后领域，集中力量攻弱点、攻难点。

在可持续发展方面，倡导人与自然和谐共生，加快建设主体功能区，推动低碳循环发展，全面节约和高效率利用资源，加大环境治理力度，筑牢生态安全屏障，实现绿色发展，改善生态环境问题。五大发展理念鲜明

---

①《中共中央关于制定国民经济和社会发展第十三个五年规划的建议》，人民出版社，2015，第48—49页。

地揭示了发展路径、发展目标、发展内容、发展本质，反映了我国对经济社会发展重点和路径认识的深化。五大发展理念中的绿色发展，倡导的是在经济与生态良性循环基础上的发展，体现人与自然的和谐平衡。“发展理念是战略性、纲领性、引领性的东西，是发展思路、发展方向、发展着力点的集中体现。”[①] 五大发展理念是可持续发展理论的进一步升华，是习近平中国特色社会主义思想内容的重要组成部分，其中的协调发展和绿色发展理念是可持续发展战略的直接体现。“‘十三五’时期我国发展，既要看速度，也要看增量，更要看质量，要着力实现有质量、有效益、没水分、可持续的增长，着力在转变经济发展方式、优化经济结构、改善生态环境、提高发展质量和效益中实现经济增长。”[②] 建设中国特色社会主义事业要注重协调发展，促进经济社会协调发展，促进工业化、信息化、城镇化、农业现代化同步发展。“绿色是永续发展的必要条件和人民对美好生活追求的重要体现。”[③] 坚持可持续发展，建设资源节约型、环境友好型社会，把生态环境保护放在更加突出的位置。统筹政治、经济、文化、社会、生态文明建设“五位一体”的总体布局，坚持“四个全面”战略布局和五大发展理念，把各方面建设协调好，实现新时期下的可持续发展，才能“把我国建成富强民主文明和谐美丽的社会主义现代化强国”[④]。

---

①中共中央文献研究室编《十八大以来重要文献选编》（中），中央文献出版社，2016，第825页。

②《中共中央关于制定国民经济和社会发展第十三个五年规划的建议》，人民出版社，2015，第52页。

③《中共中央关于制定国民经济和社会发展第十三个五年规划的建议》，人民出版社，2015，第9页。

④习近平：《决胜全面建成小康社会　夺取新时代中国特色社会主义伟大胜利——在中国共产党第十九次全国代表大会上的报告》，人民出版社，2017，第12页。

六、创新驱动发展战略

（一）创新驱动发展战略的提出背景与“两层含义”

我们党历来十分重视科学技术的作用。早在20世纪50年代，党中央发出了“向科学进军”的伟大号召。改革开放以来，邓小平多次强调，实现现代化，科学技术是关键，基础在教育。江泽民也反复强调，科技创新越来越成为当今社会生产力解放和发展的重要基础与标志，越来越决定着一个国家、一个民族的发展进程。有没有创新能力，能不能进行创新，是当今世界范围内经济和科技竞争的决定性因素。创新是一个民族进步的灵魂，是一个国家兴旺发达的不竭动力。2005年11月，在十六届五中全会提出建设创新型国家的重大战略思想。2006年1月，在全国科技大会上提出要坚持走中国特色自主创新的道路，用15年左右的时间把我国建设成为创新型国家。以胡锦涛为总书记的党中央，从全面建设小康社会、开创中国特色社会主义事业新局面的全局出发，综合分析世界发展大势和我国所处历史阶段，作出了推进自主创新、建设创新型国家的重大决策。这是继科教兴国和人才强国战略以来我们党提出的事关社会主义现代化建设全局的重大战略决策，既反映了我们党对世界经济、科技发展趋势和内在规律的准确把握，也反映了对我国基本国情和战略需求的科学分析。

十七大明确提出科技发展要紧紧围绕经济社会发展进行，建立以企业为主体、市场为导向、产学研结合的创新体系，让企业成为创新主体。将创新摆在重要位置，走中国特色自主创新道路，实施创新驱动发展战略，是新时期下以习近平为核心的领导集体在深刻总结发展经验基础上提出的。根据《中共中央国务院关于深化体制机制改革，加快实施创新驱动发展战略的若干意见》（以下简称《意见》），到2020年，基本形成适应创新驱动发展要求的制度环境和政策法律体系，为进入创新型国家行列提供有力保障。同时《意见》要求，营造激励创新的公平竞争环境。发挥市场竞争激励创新的根本性作用，营造公平、开放、透明的市场环境，强化竞争政策和产业政策对创新的引导，促进优胜劣汰，增强市场主体创新动力。实行严格的知识产权保护制度，打破制约创新的行业垄断和市场分割，改进新技术新产品新商业模式的准入管理，健全产业技术政策和管理制度，形成要素价格倒逼创新机制。实施创新驱动发展战略，能够有效地降低资源消耗，改善生态环境，加快转变经济发展方式，同时提升我国企业的竞争力。十八届五中全会再次提出创新发展，并“把创新发展摆在国家发展全局的核心位置”。国家重视创新，运用创新驱动发展，大大提高了我国的自主创新能力，中国进入了全面创新、全民创新时代。

关于创新驱动发展战略的内涵，主要包括两层含义。一是未来发展要靠创新驱动，创新驱动以科技创新为核心。改革开放以来，我国经济发展主要依靠发展劳动密集型产业和消耗资源环境进行，创造的附加价值低、资源消耗高，而科技创新可以降低资源环境消耗，实现由低成本优势向创新优势转换。驱动经济发展的创新包括科技创新、制度创新、文化创新等，科技创新能够促进经济增长，科技进步对于经济增长的作用是很大的，科技创新在创新驱动中处于支撑和核心地位。二是创新驱动是国家发展的阶段性特征，创新包含制度创新、科技创新、文化创新、管理创新等。创新驱动充分调动各方面的创新，不仅有利于促进社会的全面进步，而且能够推动社会整体发展方式得以转变，有力地推动我国的创新发展，建设创新型国家。

（二）创新驱动发展战略的实施方式与实施重点

一般来说，走中国特色自主创新道路，建设创新型国家，必须坚持自主创新、重点跨越、支撑发展、引领未来的指导方针。自主创新，不是意味着什么都自己干，完全由自己来创新，而是从增强国家创新能力出发，加强原始创新（独立自主地完成科学新发现和技术新发明）、集成创新（把各种已有的相关技术有机融合起来的创新活动）和引进消化吸收再创新（在消化吸收国外先进技术基础上进行的创新）。重点跨越，就是坚持有所为有所不为，选择具有一定基础和优势、关系国计民生和国家安全的关键领域，集中力量，重点突破，实现跨越式发展。支撑发展，就是从现实的紧迫需求出发，着力突破重大关键技术和共性技术，支撑经济社会持续协调发展。引领未来，就是着眼长远，超前部署前沿技术和基础研究，创造新的市场需求，培育新兴产业，引领未来经济社会发展。这一方针，是我国科技事业发展实践经验的概括总结，是面向未来、实现中华民族伟大复兴的重要抉择，必须贯穿于我国科技事业发展的全过程。

党的十八大报告强调了到2020年我国进入创新型国家行列的目标。党的十九大报告进一步明确了创新在引领经济社会发展中的重要地位，强调创新是建设现代化经济体系的战略支撑。

建设创新型国家的重要任务，是加快建设国家创新体系，促进科技成果向现实生产力转化。国家创新体系是以政府为主导，充分发挥市场配置资源的决定性作用、各类创新主体紧密联系和有效互动的社会系统。要通过进一步深化科技体制改革，充分发挥企业在技术创新中的主体作用，充分发挥国家科研机构的骨干和引领作用，充分发挥大学的基础和生力军作用。为此必须努力建设以企业为主体、市场为导向、产学研相结合的技术创新体系，科学研究与高等教育有机结合的知识创新体系，军民结合、寓军于民的国防科技创新体系，各具特色和优势的区域创新体系，以及社会化、网络化的科技中介服务体系，进一步形成科技创新的整体合力，为建设创新型国家提供良好的制度保障。

2016年5月19日，党中央、国务院印发了《国家创新驱动发展战略纲要》。2016年5月30日，习近平在“科技三会”[①]上首次提出了我国科技事业发展分三步走的目标：到2020年时使我国进入创新型国家行列，到2030年时使我国进入创新型国家前列，到新中国成立100年时使我国成为世界科技强国。同年8月8日，国务院正式印发《“十三五”国家科技创新规划》，重点部署了推动和落实创新驱动发展战略的措施。十九大报告从四个方面指出了实施创新驱动发展战略的具体举措：一是要瞄准世界科技前沿具有前瞻性、引领性的基础研究科技创新；二是要转化现实生产力，推动经济迈向全球价值链中高端的应用基础研究科技创新；三是调动创新积极性，促进科技成果转化的科技机制体制创新；四是培养创新人才和创新团队的科技人才队伍建设。这四个方面涉及机制体制方面和具体措施方面，为深入实施创新发展战略提供了制度和措施保证。建设创新型国家，科技是关键，人才是核心，教育是基础。科技人才是提高自主创新能力的关键所在。要把创造良好环境和条件，培养和凝聚各类科技人才特别是优秀拔尖人才，充分调动广大科技人员的积极性和创造性，作为科技工作的

①科技三会：指全国科技创新大会、两院院士大会、中国科协的第九次全国代表大会。

首要任务，努力开创人才辈出、人尽其才、才尽其用的良好局面，努力建设一支与经济社会发展和国防建设相适应的规模宏大、结构合理的高素质科技人才队伍，为我国科学技术发展提供充分的人才支撑和智力保证。

（三）创新驱动发展战略的已有成就和重大意义

经过长期努力，我国科学技术事业取得了伟大成就，形成了比较完整的学科布局，培养了一支勇于攀登世界科技高峰的优秀科技队伍，部分重要领域的研究开发能力已跻身世界先进行列。我们已经具备了建设创新型国家的重要基础和良好条件。但是，我国科技的总体水平同世界先进水平相比仍有较大差距，同我国经济社会发展的要求也有许多不适应的地方。为此必须进一步深化科技体制改革，大力推进科技进步，努力建设创新型国家。

根据2018年全国科技工作会议的统计，2017年我国国际科技论文总量和被引用量均跃居世界第二，发明专利申请量和授权量居世界第一，有效发明专利保有量居世界第三，全国技术合同成交额达1.3万亿元，科技进步贡献率达57.5%。以发明专利为主的知识产权产出能力，是衡量一个国家自主创新能力的重要尺度。过去的5年，我国科技创新能力显著提升，主要创新指标进入世界前列。2017年国际科技论文总量比2012年增加70%，国际科技论文被引用量首次超过德国、英国。我国的国家创新能力排名从2012年的第20位上升至2017年的第17位。

“党的十八大以来，在以习近平同志为核心的党中央领导下，中国在前30多年发展的基础上，又取得了全方位、开创性的成就，发生了深层次、根本性的变革。中国经济保持了中高速增长，国内生产总值2017

年已达到827122亿元，稳居世界第二，中国对世界经济增长的贡献超过了30%。虽然中国经济已经步入新常态，但2015年、2016年和2017年的经济增长率分别仍达到了6.9%、6.7%和6.9%，远远高于世界平均经济增长率。伴随着经济增长，经济结构不断优化，经济增长动力逐步转换，总体科技创新能力不断增强，科技创新支撑引领经济增长作用日益凸显，2017经济增长的科技进步贡献率达到了57.5%，比2012年提高5.3个百分点。人民生活不断改善，城镇化率不断提升，十八大以来城乡居民收入增速超过了经济增速，中等收入群体持续扩大，贫困发生率从10.2%下降到4%。”[①]这些成就的取得，与党和国家遵循经济发展规律，不断优化经济结构，发展资本密集型和技术密集型产业是分不开的。

中国经济已经进入新的发展阶段，现在的经济增长更加注重质量和效益。首先，实施创新发展战略成为破解发展难题的有效措施。十八大以来，我国全面建成小康社会的目标，对发展提出了新要求，需要不断推进科技创新等各方面的创新来促成发展，发挥科技创新在经济发展中的巨大作用。十八大报告指出：“科技创新是提高社会生产力和综合国力的战略支撑，必须摆在国家发展全局的核心位置。”[②]创新在国家发展中占据重要的位置，能够增强国家的可持续发展能力，这是在结合我国国情的基础上提出的。中国在迅速发展的同时，也面临着许多发展问题，影响我国经济持续增长。现在我国面临着资源消耗、环境污染等问题，尤其近些年出现的大气污染、资源不足的问题，成为我国发展面临的挑战。这需要转变

①黄群慧：《改革开放40年经济高速增长的成就与转向高质量发展的战略举措》，《经济论坛》2018年第7期。

②《中国共产党第十八次全国代表大会文件汇编》，人民出版社，2012，第20页。

发展方式，运用科技提高资源的使用率，降低对生态环境的破坏。其次，能够有效激发社会进行创新的积极性，增强我国企业的竞争力。近年来我国对科技研发的投入不断增大，设立最高科学技术奖，奖励在科技领域作出杰出贡献的人。目前我国的科技人才规模庞大，总人数超过5000万人，现在企业都比较重视科技研发，着力加大科技研发的投入。在企业中，“企业家是创新要素的整合者，是创新方向的发现者。他们带领企业在市场上拼搏，根据市场需求去开拓、研发新技术，促使企业迅速成长，走出企业创新之路。在激烈的市场竞争中造就的企业家，成为创新中最核心、最宝贵的资源”①。再次，能够促进人才队伍建设，为社会主义建设提供人才保证。掌握专业技术的人才是实施创新发展战略的关键，是促进经济结构调整和技术创新的重要力量。高技能人才能否满足发展需求直接影响创新驱动发展战略的实施和我国自主创新能力的提升。目前来讲，我国对高技能人才与技术技能型人才需求量非常大，但数量满足不了发展需求，供需矛盾较突出。国家实施创新发展战略，鼓励科技创新，提供相应的政策支持，企业也增加研发投入，可以促进更多人主动学习专业技能，充实专业技术人才队伍，为发展提供必要的人才保障。

实施创新驱动发展战略，是党和政府继承和发展以往创新建设经验，主动把握我国的新发展形势、适应经济发展新常态、应对我国经济存在的结构性问题提出的。只有不断进行创新，增强发展动力，才能保证经济平稳快速持续发展，实现中华民族伟大复兴中国梦。

①胡钰：《增强创新驱动发展新动力》，《中国软科学》2013年第11期。

七、乡村振兴战略

（一）乡村振兴战略的提出背景与科学内涵

党的十九大报告首次提出了乡村振兴战略，并把乡村振兴战略作为决胜全面建成小康社会必须坚持的重大战略。乡村振兴战略的提出，是党和政府结合新发展形势下对“三农”政策的继承和发展，农业农村农民问题是关系到国计民生的根本性问题，是新时期破解“三农”工作主要矛盾的必然选择，因而必须把解决好“三农”问题作为重点工作。2018年1月2日，中共中央和国务院联合下发中央一号文件，名为《中共中央国务院关于实施乡村振兴战略的意见》（以下简称《意见》）。3月5日，国务院总理李克强在作政府工作报告时指出，要大力实施乡村振兴战略。5月31日中共中央政治局审议了《国家乡村振兴战略规划（2018—2022）》。

乡村振兴战略的提出，有着深厚的背景，是党和国家有关“三农”政策发展到一定阶段的产物，是新时期解决“三农”发展存在问题的必然要求。新中国成立以来，我党对农村发展的政策不断调整，十一届三中全会提出“经济上保障农民的物质利益，政治上尊重农民的民主权利”的准则，党的十六届五中全会提出了建设社会主义新农村的重大历史任务和统筹城乡发展的要求，十七大指出要把解决好“三农”问题作为全党工作的重中之重，党的十八大指出将解决好农业农村农民问题放在全党工作的重中之重。

当前，我国仍面临着发展不平衡不充分的问题，这些问题在乡村显得尤为突出，例如：农业供给质量不高，农产品阶段性供过于求和供给不足并存；农民应对市场竞争的能力不足，易受市场条件的冲击；农村生态问题和环境问题突出，治理污染水平不足，治理能力需要加强等。同时，中国迎来了发展的新时代，面临着发展的新要求，有着丰富的农村发展和建设经验，取得了历史性成就。我国的粮食产量不断创新高，农业供给侧结构性改革取得的成就显著，农民收入不断增长，农村生态环境相比之前有了较大改善。

深入理解乡村振兴战略，需要从乡村振兴战略的指导思想、任务目标、基本原则等入手。实施乡村振兴战略的总要求是产业兴旺、生态宜居、乡风文明、治理有效、生活富裕，建设要“以习近平新时代中国特色社会主义思想为指导，加强党对‘三农’工作的领导，坚持稳中求进工作总基调，牢固树立新发展理念，落实高质量发展的要求，紧紧围绕统筹推进‘五位一体’总体布局和协调推进‘四个全面’战略布局，坚持把解决好‘三农’问题作为全党工作重中之重，坚持农业农村优先发展”①。

第一，产业兴旺是基础。由之前的生产发展到如今的产业兴旺，显示我国生产发展取得了显著成就，很多乡村都形成了自己的特色产业，形成了致富产业。各地在实施乡村振兴战略时，“要依据当地的自然资源优势、生态环境类型、文化风俗习惯和社会经济发展水平，选择适宜、容易被农民接受的农业产业，可以发展单一的种植业或养殖业，也可发展种养结合产业、农副产品加工业，将农业产业延伸就是与二、三产业有机融合，发展观光休闲农业与乡村旅游产业等”②。

第二，生态宜居是前提。由村容整洁到生态宜居，不仅要求环境、村

---

①《中共中央国务院关于实施乡村振兴战略的意见》，人民出版社，2018，第4页。

②蒋和平：《实施乡村振兴战略及可借鉴发展模式》，《农业经济与管理》2017年第6期。

容良好，更强调了发展必须处理好人与自然的关系。习近平总书记曾强调“绿水青山就是金山银山”，体现了尊重自然、顺应自然、保护自然的价值取向，在进行乡村振兴建设时，也要处理好二者关系。生态环境良好是进行乡村建设的前提，乡村振兴战略的出发点是为了提高广大农民的生活质量和水平，如果环境遭受破坏，不仅发展受阻，人民的生活水平也会有所下降。

第三，乡风文明是乡村振兴的象征。乡村振兴，不仅经济要发展，广大农民生活水平有所提高，农民精神层面也要得到提高，实现物质与精神双面发展。

第四，治理有效是乡村振兴的保障。要注重将制度化和人性化管理相结合，要注重发挥农民的主动性，引导他们参与自治。

第五，生活富裕是乡村振兴的目标。“富裕起来的乡村，邻里关系融洽，人与人之间亲情甚浓；富裕之后的农民，相互间的争吵变少了，农村公共事务的协商合作水平提高了，一些过去难以达成的合作协议也变得容易达成了。”[①]乡村建设为农民提供良好的居住环境，引导发展农业产业，帮助广大农民致富。

这五个发展要求相互融合，共同促进。产业兴旺为其他四个方面的发展奠定基础，“生态宜居体现了人与自然和谐共生的美好向往；乡风文明融入乡村建设各方面，会使乡村振兴的目标早日实现；治理有效可以保证社会的公平与稳定，保障农村居民的权益；农民是乡村的主体，产业兴

①王亚华、苏毅清：《乡村振兴——中国农村发展新战略》，《中央社会主义学院学报》2017年第6期。

旺、生态宜居、乡风文明和治理有效都是为了生活富裕目标的实现”[①]。

关于乡村振兴战略的指导思想。《意见》指出，以习近平新时代中国特色社会主义思想为指导，加强党对“三农”工作的领导，坚持稳中求进工作总基调，牢固树立新发展理念，坚持把解决好“三农”问题作为全党工作重中之重，坚持农业农村优先发展，统筹推进农村建设，加快推进农业农村现代化，走中国特色的乡村振兴道路。

关于乡村振兴战略的任务目标。《意见》根据决胜全面建成小康社会的目标，提出实施乡村振兴战略的任务目标分为三步。“到2020年，乡村振兴取得重要进展，制度框架和政策体系基本形成”；“到2035年，乡村振兴取得决定性进展，农业农村现代化基本实现”；“到2050年，乡村全面振兴，农业强、农村美、农民富全面实现”。[②]乡村振兴战略的任务目标将实现乡村振兴划定了三个时间段，对农业、农村、农民三个方面都提出了发展要求，通过完善体制机制、建设农村基础设施、改善乡村环境、加强基层组织建设等方面保障实现，是非常完备的发展任务目标体系。

关于乡村振兴战略的基本原则，《意见》提出了七条基本原则：一是坚持党管农村工作，二是坚持农业农村优先发展，三是坚持农民主体地位，四是坚持乡村全面振兴，五是坚持城乡融合发展，六是坚持人与自然和谐共生，七是坚持因地制宜、循序渐进。

乡村振兴战略的基本原则指出了发展的具体方向和要求，质量兴农、绿色兴农，推动农业供给侧结构性改革，实现我国由农业大国向农业强国转变。乡村振兴战略的内涵是十分丰富的，农业、农村、农民实现良好发

①蒋和平：《实施乡村振兴战略及可借鉴发展模式》，《农业经济与管理》2017年第6期。

②《中共中央国务院关于实施乡村振兴战略的意见》，人民出版社，2018，第6—8页。

展，提高农业农村全要素生产率能够不断增强我国的经济实力和竞争力，绘制了我国农业未来发展的新蓝图。

（二）乡村振兴战略的实现路径与实施重点

实施乡村振兴战略，必须以习近平新时代中国特色社会主义思想为指导思想，贯彻新发展理念，在对过去提出的重要农村战略进行总结和结合现阶段实际情况下开展，用改革和创新精神予以推进。

首先，强化农业基础地位，发展现代农业，夯实农业生产能力基础。坚持农业供给侧结构性改革，“深入实施藏粮于地、藏粮于技战略，严守耕地红线，确保国家粮食安全，把中国人的饭碗牢牢端在自己手中。全面落实永久基本农田特殊保护制度，加快划定和建设粮食生产功能区、重要农产品生产保护区，完善支持政策。大规模推进农村土地整治和高标准农田建设，稳步提升耕地质量，强化监督考核和地方政府责任。加强农田水利建设，提高抗旱防洪除涝能力。实施国家农业节水行动，加快灌区续建配套与现代化改造，推进小型农田水利设施达标提质，建设一批重大高效节水灌溉工程”①。实施乡村振兴战略，首要就是明确农业在我国经济社会发展中的重要地位，全力保证农业发展可持续、不受限，保证乡村产粮。在此基础上，推进科技成果转化和应用，发展现代农业产业，既增加农作物产量又增加农民收入，夯实农业生产能力基础地位。

其次，加强产业培育和支持，促进产业振兴。“推进特色农产品优势区创建，建设现代农业产业园、农业科技园。实施产业兴村强县行动，推

①《中共中央国务院关于实施乡村振兴战略的意见》，人民出版社，2018，第9页。

行标准化生产，培育农产品品牌，保护地理标志农产品，打造一村一品、一县一业发展新格局。加快发展现代高效林业，实施兴林富民行动，推进森林生态标志产品建设工程。加强植物病虫害、动物疫病防控体系建设。优化养殖业空间布局，大力发展绿色生态健康养殖，做大做强民族奶业。统筹海洋渔业资源开发，科学布局近远海养殖和远洋渔业，建设现代化海洋牧场。”[①]不同地区有不同的气候条件和农业产品，根据具体地域发展特色产业，促使形成特色农作物产业化，增加农民收入。建立农产品深加工产业，延长产业链，提高农作物附带价值。

再次，培养技能人才和新型职业农民。现代农村面临人员流失、农村劳动力老龄化等问题，农业产业人员不足，需要培养掌握一定农业技术的人才和职业化农民，以应对发展需求。我国正处在传统农业向现代农业转化的关键时期，相比之前，农业设备、管理理念等越来越先进，需要高素质的职业化农民。很多农村年轻劳动力进入城市工作和生活，农业发展面临人员不足的状况。“要健全体制机制，大力营造农村创业创新的良好环境，吸引更多人才投入农业发展和农村建设，使农业农村现代化发展有更多的新动能。可以引导、鼓励农民工、大学生、城市退休人员回村创业，发展多种形式的农业产业类型，努力构建知识型、开拓型、技能型新型农民队伍。让农民成为有吸引力的职业，让农业成为有奔头的产业，让农村成为安居乐业的美丽家园，早日实现乡村振兴的战略目标。”[②]

第四，加强乡村基础设施建设，改善乡村基本条件。近年来党和政府投入大量政策和资金支持新农村建设，乡村的面貌发生了重大变化，但

①《中共中央国务院关于实施乡村振兴战略的意见》，人民出版社，2018，第10页。
②蒋和平：《实施乡村振兴战略及可借鉴发展模式》，《农业经济与管理》2017年第6期。

与城市相比，有的方面还有较大差距，基础设施、医疗、教育等相对短缺或发展不足。乡村振兴重点要加强基础设施建设，改善乡村生活的条件，提高广大农民的生活质量和水平。一是改善基础设施条件。改善交通、水利、通信等。二是进一步完善公共服务。教育、医疗等是人民关心的问题，农村教育和医疗资源相对短缺，教育质量和医疗水平有待提高，需要加大政策和资金支持，提高医院医疗水平，吸引人才入村。三是完善农村养老保障制度。进一步加大农村养老保障资金投入，增加农村养老金收入，缩小城镇差距。

第五，注重保护农村生态环境，实现人与自然和谐共生，保障可持续发展。良好的生态环境能够保持乡村经济的持续发展，统筹发展与环境的关系。一是保护河流、湖水、草原、湿地等自然环境，推行河长制、湖长制，完善责任体制。“开展国土绿化行动，推进荒漠化、石漠化、水土流失综合治理。强化湿地保护和恢复，继续开展退耕还湿。完善天然林保护制度，把所有天然林都纳入保护范围。扩大退耕还林还草、退牧还草，建立成果巩固长效机制。”[①]二是重点治理农村环境问题。“加强农业面源污染防治，开展农业绿色发展行动”，“加强农村环境监管能力建设，落实县乡两级农村环境保护主体责任”。[②]三是发展现代农业，引导建立农产品加工产业，创造就业条件。引导广大农民通过家庭农场、大规模种植、加入农业生产合作社等方式开展农业活动，给予乡镇企业一定资金和政策支持，进行农产品加工，也创造了相应的就业机会，提高农民收入。

---

①《中共中央国务院关于实施乡村振兴战略的意见》，人民出版社，2018，第14页。

②《中共中央国务院关于实施乡村振兴战略的意见》，人民出版社，2018，第14页。

（三）乡村振兴战略的时代意义

实施乡村振兴战略，能够有效增强农村发展活力。农业、农村、农民“三农”问题是全党工作的重中之重，关系到国计民生，是解决城乡差距、乡村发展不平衡和不充分问题的关键，也是实现农村可持续发展的必然选择。十九大报告提出第二轮土地承包期限到期后再延长30年，给予土地承包者稳定的土地支持，促进承包者在原来基础上继续发展农业生产。“农业农村发展仍缺乏大量资金投入和资本基础，深化农村集体产权制度改革，可以将农村固有的资源转化为经济优势；乡村振兴战略实施可以让许多外出打工农民看到农村的巨大发展潜力，吸引农民工和大学毕业生回乡创业，留住懂农业、爱农村、爱农民的人才；建立城乡融合发展体制机制，让城乡之间要素自由流动。”①

实施乡村振兴战略，有利于转变农村经济发展方式，实现农村快速发展。坚持以家庭承包经营为主体、统分结合的双层经营体制；农村土地集体所有权、土地承包权、土地经营权三权分置；完善土地承包经营流转等。通过农业科技创新，提高农业科技利用水平，建设现代农业，为农民增收致富创造条件。实施乡村振兴战略，利用技术、信息等现代要素和手段促进一二三产业有效融合，将小农户和现代农业有机结合起来。转变农村经济发展方式将有助于尽快解决我国长期存在的“三农”问题。

实施乡村振兴战略，有助于解决农村环境污染和破坏问题。之前的发展造成了一定的环境污染和破坏，新时期在“创新、协调、绿色、开放、共享”五大发展理念的指导下，我们的发展改变了原有的经营管理理念和

①蒋和平：《实施乡村振兴战略及可借鉴发展模式》，《农业经济与管理》2017年第6期。

技术，追求绿色发展、协调发展，使保护环境、节约资源同发展经济同步运行。改善农村生态环境和居住环境意味着不仅要改善整体环境，也要改善小环境。改善整体环境，如禁止使用污染严重农药、整改污染严重企业等；改善小环境可以通过改善乡村基本设施，如整修道路、危房改造、扶贫搬迁等措施提高广大农民居住环境。“到2035年，农村生态环境将实现全面恢复，预计农村硬化道路覆盖率将超过95%，养殖废弃物综合利用率将超过90%，草原综合植被盖度将超过60%，化肥施用量也将实现零增长。农村的土壤污染修复管控、农业面源污染防治、森林草原保护机制等，农业农村绿色发展制度创新基本完成。”[①]改善农村发展环境，将对全国范围内环境的改善和实现人与自然和谐有序发展产生巨大影响。

实施乡村振兴战略，能够有效地推动城乡融合发展，有利于区域发展不平衡问题的解决。在现阶段城乡之间还存在较大差距，“在城镇化快速推进和城市不断繁荣的同时，如何让城乡居民共享经济社会发展成果，不断促进城市与农村在人口流动、公共政策、资源开发、环境共享等方面形成水乳交融、双向互动、互为依存的态势，是新时代城乡一体化发展的迫切要求。对此，党的十九大报告提出建立健全城乡融合发展体制机制和政策体系，体现了党对‘城镇化和乡村振兴并行不悖’的客观规律的准确认识，为乡村振兴构建了‘城市与农村命运共同体’的创新路径”[②]。城乡之间的发展差距，需要多方面发展解决，实施乡村振兴战略，提高乡村整体的居住环境，创造更多的就业条件，切实有效增加农民收入，都能够促

①王亚华、苏毅清：《乡村振兴——中国农村发展新战略》，《中央社会主义学院学报》2017年第6期。

②王亚华、苏毅清：《乡村振兴——中国农村发展新战略》，《中央社会主义学院学报》2017年第6期。

使人口回流，缓解农村人口老龄化问题，为乡村发展提供人力资源保障。回乡人员带回城市先进理念和技术作用于农业发展，这能够更加有效地推动城乡融合发展，推动解决城乡区域发展不平衡的问题，并为最终实现共同富裕作出贡献。

八、军民融合发展战略

（一）军民融合发展战略的提出背景和科学内涵

十八大以来，中国共产党积极探索国防建设的内在规律，在国防和军队改革全面深入展开的背景下，根据世情、国情、军情的变化，将军民融合发展战略上升为国家战略。军民融合发展战略作为习近平总书记治国理政思想的重要组成部分，是指导全党全国全军实践的理论武器，能够为实现中国强军梦提供强大的战略支持。

军民融合发展战略的产生有着深厚的历史背景和必然性。革命时期，毛泽东就产生了军民一体的思想理念，他指出："真正的铜墙铁壁是什么？是群众，是千百万真心实意地拥护革命的群众。这是真正的铜墙铁壁，什么力量也打不破的，完全打不破的。反革命打不破我们，我们却要打破反革命。在革命政府的周围团结起千百万群众来，发展我们的革命战争，我们就能消灭一切反革命，我们就能夺取全中国。"[①]我国的革命

①《毛泽东选集》（第一卷），人民出版社，1991，第139页。

正是依靠军民相互配合、紧密联系才取得的胜利。新中国成立后，毛泽东一直考虑国防和军队如何建设的问题，他提出了全民皆兵的战略思想，要求工农商学都要学习军事，兴办民兵师；同时要求军队走出营房，与人民共同生活、共同劳动，增进军民之间的感情。1952年，毛泽东从战略发展的角度提出了军民两用的思想；1956年1月25日，毛泽东在最高国务会议上指出，国防工业在生产上要注意军民两用，注意学会军用和民用两套生产技术，平时为民用生产，一旦有事就可以把民用生产转化为军用生产。十一届三中全会以后，邓小平提出了“军民结合、平战结合、军品优先、以民养军”的十六字方针，强调军事设施军民两用和培养军地两用人才。同时，作出了裁军100万、国防科技工业要保军转民等重大决策，积极探索国防和军队建设改革。1986年6月，邓小平指出：“军工力量不纳入整个经济发展范围，是极大的浪费。……这个力量用不上，对四个现代化建设不利，对国防建设也不利。”①这强调了经济建设也包括对国防和军事力量的建设，实现国民经济与军事同步发展。江泽民提出了国防和经济要协调发展、实行军民结合、寓军于民等思想，建设“小核心、大协作”的国防科技工业。党的十五大报告指出，要建立与社会主义市场经济体制相适应的国防工业体制。进入新世纪以后，我国进入全面建设小康社会时期，党和国家站在新的发展高度，积极统筹国防建设和经济建设。长久以来，军民发展呈现二元分立格局，已不适应新时期的发展。2007年10月15日，以胡锦涛为总书记的党中央领导集体在十七大上明确指出，新形势下要统筹经济建设和国防建设，走中国特色军民融合式发展路子。此后，胡

①《邓小平军事文集》（第三卷），军事科学出版社、中央文献出版社，2004，第281页。

锦涛在建党90周年纪念大会上指出："统筹经济建设和国防建设，走中国特色军民融合式发展路子。"[①]

党的十八大以来，国民经济步入新发展阶段，国防和军队改革稳步推进。以习近平为核心的领导集体审时度势，及时探索经济建设和国防建设路径，在继承历届领导人相关发展经验的基础上，提出了一系列关于军民融合发展的思想理论。2012年11月，在党的十八大会议上，报告指出："必须站在国家安全和发展战略全局的高度，统筹经济建设和国防建设。"[②]2013年3月11日，习近平总书记在解放军代表团的讲话中强调："要统筹经济建设和国防建设，努力实现富国和强军的统一。"同年11月，党的十八届三中全会指出："在国家层面建立推动军民融合发展的统一领导、军地协调、需求对接、资源共享机制。"[③]这表明军民融合发展战略是一项系统工程，需要科学规划、细致部署、持续推进，这里面包括了对军民融合发展战略的顶层设计、系统的组织机构和完善的法律法规制度。习近平总书记在2014年3月曾强调指出，做好军民融合深度发展是实现强军目标的必要措施。强军思想是习近平总书记关于国防和军队建设思想的重要内容，他指出："能战方能止战，准备打才可能不必打，越不能打越可能挨打，这就是战争与和平的辩证法。"[④]这表明了强军的必要性，强军才能应对随时而来的挑战。2014年8月29日，习近平在中央政治局第十七次集体学习时指出："我们的国防是全民的国防，推动国防和军

①胡锦涛：《在庆祝中国共产党成立90周年大会上的讲话》，人民出版社，2011，第26页。

②胡锦涛：《高举中国特色社会主义伟大旗帜　为夺取全面建设小康社会新胜利而奋斗——在中国共产党第十七次全国代表大会上的报告》，人民出版社，2007，第41页。

③《中共中央关于全面深化改革若干重大问题的决定》，人民出版社，2013，第56页。

④中共中央文献研究室编《习近平总书记系列重要讲话读本》，人民出版社、学习出版社，2014，第138—139页。

队建设改革是全党全国人民的共同事业。”这说明人民既是国防的被保护者，也是国防的主体，更是国防建设的重要参与者。2015年3月12日，习近平在解放军代表团全体会议上讲话时说：“把军民融合上升为国家战略，是我们长期探索经济建设和国防协调发展规律的重大成果，是从国家安全和发展战略全局作出的重大决策。”2016年3月，十二届全国人大四次会议专门论述了军民融合战略。同年7月21日，中共中央、国务院、中央军委联合印发了《关于经济建设和国防建设融合发展的意见》，首次从中央层面明确了军民融合发展的重点。

2017年1月，我党和政府根据新形势下发展的需要，成立了中央军民融合发展委员会，加强对军民融合事业的领导，显示了党和国家对军民融合发展事业的重视。同年6月20日，中央军民融合发展委员会第一次全体会议召开，习近平指出，“当前和今后一个时期是军民融合的战略机遇期，也是军民融合由初步融合向深度融合过渡、进而实现跨越发展的关键期。各有关方面一定要抓住机遇，开拓思路，在‘统’字上下功夫，在‘融’字上做文章，在‘新’字上求突破，在‘深’字上见实效，把军民融合搞得更好一些、更快一些”①，同时他强调“各地区各部门要把思想和行动统一到党中央决策部署上来，强化使命担当，敢于涉险滩、动奶酪，敢于破难题、闯难关，敢于蹚路子、辟新径，加强组织管理、政策规划、重大改革、基础建设、试点示范等方面的统筹力度，协调解决跨部门、跨领域、跨区域重大问题，推动工作取得实效”②。中央军民融合

①《习近平主持召开中央军民融合发展委员会第一次全体会议强调：加强集中统一领导加快形成全要素、多领域、高效益的军民融合深度发展格局》，《人民日报》2017年6月21日。

②《习近平主持召开中央军民融合发展委员会第一次全体会议强调：加强集中统一领导加快形成全要素、多领域、高效益的军民融合深度发展格局》，《人民日报》2017年6月21日。

发展委员会的第一次全体会议，明确了军民融合发展的方向，指出了各部门各地区工作的重点和内容，推动了军民融合发展战略进一步发展。2017年8月1日，在纪念中国人民解放军建军90周年大会上，习近平指出：“推进强军事业，必须深入推进军民融合发展，构建军民一体化的国家战略体系和能力。把军民融合发展上升为国家战略，是我们党长期探索经济建设和国防建设协调发展规律的重大成果，是从国家发展和安全全局出发作出的重大决策，是应对复杂安全威胁、赢得国家战略优势的重大举措。”[①]2017年10月，十九大召开，习近平在十九大报告中指出，“必须全面贯彻党领导人民军队的一系列根本原则和制度，确立新时代党的强军思想在国防和军队建设中的指导地位，坚持政治建军、改革强军、科技兴军、依法治军，更加注重聚焦实战，更加注重创新驱动，更加注重体系建设，更加注重集约高效，更加注重军民融合，实现党在新时代的强军目标”，“坚持富国和强军相统一，强化统一领导、顶层设计、改革创新和重大项目落实，深化国防科技工业改革，形成军民融合深度发展格局，构建一体化的国家战略体系和能力”[②]。随着十九大的胜利召开，中国进入了新的发展阶段，军民融合发展战略是习近平新时代强军思想的重要内容和体现，在后续的发展中将有力推动新时代强军目标的实现。

全面理解军民融合发展战略的内涵，可以从实施军民融合发展战略的本质特点、国防建设与经济建设的关系、要求等方面把握。

十八大以来，以习近平为核心的党中央领导集体站在国家安全和发

①习近平：《在庆祝中国人民解放军建军90周年大会上的讲话》，人民出版社，2017，第17页。

②习近平：《决胜全面建成小康社会　夺取新时代中国特色社会主义伟大胜利——在中国共产党第十九次全国代表大会上的报告》，人民出版社，2017，第24—25，54页。

展层面，指出重点实施军民融合发展战略。首先，军民融合是全面建成小康社会、国家经济结构调整和经济体制改革的必然要求；是对以往军民结合、军民兼容、寓军于民发展规律的准确把握；是解决阻碍新时期军民融合纵深发展问题的必然选择。军民融合的实质是把国防建设同经济建设结合起来，实现两者统一协调发展，实现我国富国强军的战略目标。

理解军民融合发展战略的内涵，可以从统筹经济建设和国防建设方面来把握。2016年3月25日，中共中央政治局会议审议通过了《关于经济建设和国防建设融合发展的意见》（以下简称《意见》）。《意见》指出了经济建设和国防建设融合发展的指导思想，并提出了经济建设和国防建设融合发展的主要目标，“形成全要素、多领域、高效益的军民深度融合发展格局，使经济建设为国防建设提供更加雄厚的物质基础，国防建设为经济建设提供更加坚强的安全保障”①。《意见》强调要将军民融合的理念和要求贯穿于经济和国防建设全过程，把国防和军队建设同社会建设有机地统一起来。军民融合发展战略要求军民、军地同心合力。“军民融合深度发展既要让‘军’走进‘民’，也要使‘民’融入‘军’，促进军地之间各要素的耦合联动，资源共享互动和优势叠加倍增。”②

（二）实施军民融合发展战略的任务目标和重要举措

军民融合发展的任务目标，是推动国防建设和经济社会建设协调共进，实现共赢。十九大报告指出，要形成军民融合深度发展的格局，构建

①《中共中央国务院中央军委印发〈关于经济建设和国防建设融合发展的意见〉》，《解放军报》2016年7月22日。

②金桥：《深入学习习近平军民融合深度发展战略思想》，《国防》2017年第9期。

成一体化的国家战略体系和能力。军民融合深度发展的最终目标就是实现国家发展与安全、富强和强军统一，力争到2020年形成全要素、多领域、高效益的军民融合发展格局。

推进军民融合深度发展，首先要坚持以习近平新时代中国特色社会主义思想为指导，全面贯彻习近平强军思想。我们要“落实总体国家安全观和新形势下军事战略方针，贯彻新发展理念，坚持富国和强军相统一，形成军民融合深度发展格局，构建一体化的国家战略体系和能力，为实现中国梦强军梦提供强大动力和战略支撑”，要“坚持军民协同推进，坚持有序开放合作”，“要加快形成军民融合发展组织管理体系、工作运行体系、政策制度体系，推动重点领域军民融合发展取得实质性进展，形成全要素、多领域、高效益的军民融合深度发展格局，初步构建一体化的国家战略体系和能力”。[①]

推进军民融合深度发展，根本出路在改革创新。习近平指出：“要把军民融合发展战略和创新驱动发展战略有机结合起来，加快建立军民融合创新体系，培育先行先试的创新示范载体，拓展军民融合发展新空间，探索军民融合发展新路子。”[②]军民融合创新的关键，在于科技创新。中共中央、国务院发布的《关于深化科技体制改革，加快国家创新体系建设的意见》指出，“完善军民科技融合机制，建设军民两用技术创新基地和转移平台，扩大科研机构和科技型企业对国防科技研发的承接范围”，这为军民融合发展提供了新的路径选择，对军民融合进行科技创新，符合国家

①《习近平主持召开十九届中央军民融合发展委员会第一次全体会议强调：真抓实干坚定实施军民融合发展战略，开创新时代军民融合深度发展新局面》，《人民日报》2018年3月3日。

②《习近平主持召开中央军民融合发展委员会第一次全体会议强调：加强集中统一领导加快形成全要素，多领域高效益的军民融合深度发展格局》，《人民日报》2017年6月21日。

创新战略的发展要求。要实现军民融合的有效创新，需要加强各环节的军民之间的互动，制定创新发展规划，培养军民融合科技创新人才，完善相关的法律法规，全面推动军民融合发展的理论创新、实践创新。注重树立全局理念，注重统筹建设和协调发展，用先进的理论指导军民融合发展实践。注重实践创新，既要着眼于军民融合当前发展阶段的特点和主要矛盾，又要认真考虑未来发展可能面临的挑战；既要充分发挥广大人民群众的积极性和创造性，又要按发展规律进行行动。要实事求是，从实际出发解决问题，要解放思想，努力开拓创新。根据近年来军民融合实践中的成功经验和教训，进行军民融合方法路径的创新。

推进军民融合深度发展，关键要加强集中统一领导，做好顶层设计。加强集中统一领导，首先要坚持党的领导。“党的领导是中国特色社会主义制度的最大优势，是推进经济建设和国防建设融合发展的根本政治保证。必须发挥党总揽全局、协调各方的领导核心作用，全面加强党对军民融合发展工作的领导，确保党的路线方针政策和决策部署贯彻落实到军民融合发展的各领域全过程。”[①]要强化发挥战略引领的作用，及时调整规划、政策措施，使行动的指导方针随时适应发展的需要。从国家安全和发展全局的高度做好军民融合发展的顶层设计，然后作出明确的发展规划，运用宏观调控的方法进行发展调控和指导。做好顶层设计，主要是做好管理类顶层设计、政策类顶层设计、技术类顶层设计。做好管理类顶层设计，主要是通过部门联合审查、多证联审等方式，缩短申请周期，建立科学合理的市场准入制度，制定负面清单。可以通过招标等方式筛选民营企业参与军

①《中共中央国务院中央军委印发〈关于经济建设和国防建设融合发展的意见〉》，《解放军报》2016年7月22日。

用产品科研生产，鼓励其进行技术创新。做好政策类顶层设计，要完善体制机制，完善市场准入机制，树立开放式发展、共赢式发展等新理念，充分发挥市场在资源配置中的灵活性、竞争性、激励性作用。引导优势民营企业依法进入军品科研生产市场，通过开放、竞争的方式参与军用生产。对涉及军用产品生产的企业，要求其在保密的前提下，适当放宽原有的限制条件，通过认证资质、颁发许可证等方式给予其自主发展空间。给予积极创新技术和掌握新技术的民营参与企业一定政策、技术等方面的支持，资金上给予适度的保障，充分发挥民营企业参与生产的优势。做好技术类顶层设计，要打破军民融合之间的发展阻碍，引入、培养一批军民融合收效良好的企业，成为军民融合发展生产体系的带头者和榜样。

推进军民融合深度发展，要按需求统筹基础设施和国防、军队建设。军民融合发展战略是一项军地双方的合作战略，按照双方的需求进行基础设施、国防、军队的建设，才能保证军民融合发展战略顺利实施。首先，要做好基础设施的统筹工作。“统筹交通基础设施建设，统筹考虑军地需求，综合运用重要资源”，“优化空域结构，推进空域分类管理和低空空域管理改革”，“统筹空间基础设施建设，加大国家空间基础设施建设统筹力度”，“加强军地信息基础设施建设的顶层设计和统筹协调”，“优化军地气象整体布局”，“统筹标准计量体系建设，建立标准化军民融合长效机制”。[①]其次，要按照国防、军队建设需求做好人才的统筹工作。新时期以来，我国进行军事现代化建设的需求主要有交通、通信、人才等，现在全国范围内众多高校已承担着培养国防生的任务，为军队输送人

①《中共中央国务院中央军委印发〈关于经济建设和国防建设融合发展的意见〉》，《解放军报》2016年7月22日。

才，这为军民融合发展战略的实施提供了重要的实践指向。总之，在关系到国家安全的重要基础设施建设上，要及时根据发展需求进行调整，例如交通、通信、电力等，要进行重点把控，给予资金、政策等专项支持，确保打牢发展基础。在人才需求方面，根据国防和军队建设的需要，合理规划人才培养方案，充分利用社会的人力、智力为军队建设服务，继续支持地方适度培养军需人才。

推进军民融合深度发展，要注重发挥市场作用。我们要推进军民融合深度发展，除了依靠政府的宏观调控以外，也要发挥市场的调节作用。我们要想切实发挥市场在军民融合发展中的推动作用，首先要按照市场运行的规律办事，军需产品的研发生产除需要保密处理的以外，可按照市场的规则和标准实施。其次，完善市场的法律法规，为军地融合发展解决后顾之忧。再次，创造公平、开放的市场竞争环境，用市场的标准进行衡量，运用社会上优秀的资源进行生产以达到最好效果。总之，要“注重运用市场手段优化军地资源配置，积极引导经济社会领域的多元投资、多方技术、多种力量更好服务国防建设，促进国防建设成果更好服务经济社会发展，实现经济建设和国防建设综合效益最大化”[①]。

（三）实施军民融合发展战略的重大意义

军民融合发展理论是习近平治国理政思想的丰富和发展。以习近平总书记为核心的党中央领导集体，从国家发展的全局和军队发展的新要求出发，围绕军民融合发展提出了一系列的新思想和新要求，开辟了军民融合

①《中共中央国务院中央军委印发〈关于经济建设和国防建设融合发展的意见〉》，《解放军报》2016年7月22日。

发展的新境界。军民融合打破了军和民分割的局面，有利于各类资源在国防和社会领域实现流通互动，这既是理论上的突破，也是实践上的又一次创新。军民融合发展理论，是时代的产物，更是习近平总书记在认真总结我国军民融合发展规律和实践经验基础上产生的。它是新时期国防科技工业和武器装备建设理论的重要内容，是国防和国家改革理论的重要组成部分，为推进军民融合深度发展、实现强国强军梦提供了理论支持。

实施军民融合发展战略，将有力地推进国家由大向强发展。目前，我国正处于由大国向强国发展的关键时期，发展面临外部的制约和内在的矛盾，需要做好国防和军队建设。世界形势复杂多变，难以预见的风险和挑战时刻存在，我国的军队有着捍卫主权和领土完整的艰巨任务，迫切需要进行发展和建设。加快推动军民融合向深度发展，将军队和国防建设融入经济社会发展体系，转变军队发展方式，是实现强军目标的必然选择。深入实施军民融合发展战略，及时有效地解决军队现代化建设中存在的问题，为军队建设不断注入发展活力，才能加速实现强国梦。

实施军民融合发展战略，有利于加深党政军民之间的团结。从革命时期，到如今的社会主义建设，党始终与广大人民群众保持着密切的联系，将广大人民的切身利益作为工作的出发点和立足点。实施军民融合发展战略，也继承和发展了这一优良传统，能够有效地团结起社会各方的力量，加深党政军民之间的联系。十八大以来，“军转民”“民参军”等军民融合实践有效施行，军工生产、军事科技、军事后勤等是军民融合战略的重要阵地，有力地推动了军民融合事业的发展。实施军民融合发展战略，能够提升人民群众的国防意识，加强军民之间的团结。习近平在庆祝中国人民解放军建军90周年大会上指出，“全党全军全国各族人民要大力弘扬军爱民、民拥军的光荣传统，不断发展坚如磐石的军政军民关系”[①]。

实施军民融合发展战略，能够促进军队发展，建设一流军队。党的十九大报告指出：“党在新时代的强军目标是建设一支听党指挥、能打胜仗、作风优良的人民军队，把人民军队建设成为世界一流军队。”[②]经济实力、科技实力、综合国力等是实现新时代的强军目标、建设世界一流军队的基础，转变我国军队发展模式，实施军民融合，把国防和军队建设融入经济社会发展体系，是构建中国特色现代军事力量体系的重要选择。

实施军民融合发展战略，要坚持不懈地用习近平新时代中国特色社会主义思想教育部队、武装官兵，强化“四个意识”、增强“四个自信”，不畏艰难，不怕阻力，积极开拓进取，不断开拓军民融合发展的新征程。

九、健康中国战略

（一）健康中国战略的发展历程和科学内涵

党的十七大报告提出“健康是人全面发展的基础”，十八大报告提出“健康是促进人的全面发展的必然要求”，十八届五中全会进一步提出“推进健康中国建设”的要求。为实现健康中国的任务目标，2016年8月26日，中共中央政治局审议通过了《“健康中国2030”规划纲要》，指出

①习近平：《在庆祝中国人民解放军建军90周年大会上的讲话》，《人民日报》2017年8月2日。

②习近平：《决胜全面建成小康社会　夺取新时代中国特色社会主义伟大胜利——在中国共产党第十九次全国代表大会上的报告》，《人民日报》2017年10月28日。

了建设健康中国的任务目标和发展方向。党的十九大报告首次明确提出了实施健康中国战略，强调“人民健康是民族昌盛和国家富强的重要标志。要完善国民健康政策，为人民群众提供全方位全周期健康服务”[①]。十八大以来，以习近平为核心的党中央以国家长远发展为基点，以民族伟大复兴为目标，把健康放在重要的战略位置，实施健康中国战略。

健康中国战略是一个系统性的战略体系，是一项旨在全面提高全民健康水平的国家卫生发展规划，是我国“十三五”建设时期重要的发展战略。我们需要从健康中国战略的指导思想、战略主题、发展目标、发展重点等方面来把握其内涵，全面理解健康中国战略。关于指导思想，根据《“健康中国2030”规划纲要》，“要坚持以人民为中心的发展思想，牢固树立和贯彻落实创新、协调、绿色、开放、共享的发展理念”[②]。与此同时，必须贯彻党的十八大以来的重要思想和精神，围绕“五位一体”总体布局和“四个全面”战略布局安排实施。关于战略主题，“共建共享、全面健康”是建设健康中国的战略主题，也是基本的路径。关于健康中国战略的发展目标，可以从《“健康中国2030”规划纲要》发展目标的角度进行理解：到2020年，“基本形成内涵丰富、结构合理的健康产业体系，主要健康指标居于中高收入国家前列”；到2030年，“基本实现健康公平，主要健康指标进入高收入国家行列”；到2050年，“建成与社会主义现代化国家相适应的健康国家”[③]。实现健康中国的发展目标，主要从完

①习近平：《决胜全面建成小康社会　夺取新时代中国特色社会主义伟大胜利——在中国共产党第十九次全国代表大会上的报告》，《人民日报》2017年10月28日。

②《中共中央政治局召开会议审议“健康中国2030”规划纲要》，《人民日报》2016年8月27日。

③《中共中央政治局召开会议审议“健康中国2030”规划纲要》，《人民日报》2016年8月27日。

善医疗卫生制度、体系方面出发，将长远目标与当前目标相结合，分三个阶段实施。十九大报告指出，“人民健康是民族昌盛和国家富强的重要标志。要完善国民健康政策，为人民群众提供全方位全周期健康服务”①。实施健康中国战略的根本目的是维护全民健康，这是党对人民健康高度重视的具体体现，是实现“两个一百年”奋斗目标，实现人的全面发展和社会全面进步的必然选择。关于发展重点，健康中国战略坚持以人民为中心的发展思想，为人民谋福祉，不断促进人的全面发展。发展关注于解决人民群众生活中存在的具体问题和实际困难，将人民的健康放在优先发展的战略位置，维护和提高人民群众的健康生活。

健康中国战略是基于我国国情，以不断提高人民健康水平为目的，融合健康中国理念前提下提出的，是全面建成小康社会、实现中华民族伟大复兴的必然要求。它从全民健康、全面提高的角度出发，发展健康产业，建立公平有效的医疗卫生制度，实现全民健康水平的整体提高。

（二）健康中国战略的实施措施和发展重点

实施健康中国战略主要从全面深化医药卫生体制改革、健全全民医疗保障体系、加强重大疾病防治和基本公共卫生服务、加强妇幼卫生保健及生育服务、完善医疗服务体系、促进中医药传承与发展、广泛开展全民健身运动、保障食品药品安全等八个方面开展。

实施健康中国战略，要全面深化医药卫生体制改革。目前，我国仍存在着城乡地区之间医疗卫生资源配置不均衡、医药卫生系统运行体制机制

①习近平：《决胜全面建成小康社会　夺取新时代中国特色社会主义伟大胜利——在中国共产党第十九次全国代表大会上的报告》，《人民日报》2017年10月28日。

有待改进等问题，需要通过医药卫生体制改革加以破除。我国现在的基本医疗卫生制度主要由基本医疗服务体系、基本医疗保险体系、基本药物供应保障体系、公共卫生服务体系构成。《中华人民共和国国民经济和社会发展第十三个五年规划纲要》指出，要“实行医疗、医保、医药联动，推进医药分开，建立健全覆盖城乡居民的基本医疗卫生制度”[①]。

实施健康中国战略，要建立分级诊疗制度。国务院印发的《“十三五”深化医药卫生体制改革规划》指出，“建立科学合理的分级诊疗制度。坚持居民自愿、基层首诊、政策引导、创新机制，到2020年，分级诊疗模式逐步形成，基本建立符合国情的分级诊疗制度”[②]。分级诊疗制度作为我国实施的五项基本医疗卫生制度建设之一，能够优化卫生资源配置，规范就医秩序，缓解居民看病难和看病贵的问题。分级诊疗是将医疗机构进行分级，不同的医疗机构负责治疗疾病的难易程度和类型不同，形成了基层首诊、上下级医院双向转诊的就医格局。分级诊疗主要通过基层首诊、双向转诊、上下联动等途径开展。从2015年《国务院办公厅关于推进分级诊疗制度建设的指导意见》发布实施以来，全国各个地区纷纷开展分级诊疗制度建设。从数据上可以看出，我国基层医疗卫生机构看病人数涨幅增大，分级诊疗政策体系逐步完善，通过培养全科医生、推动家庭医生签约等方式逐步增强基层服务能力，基层医疗卫生机构医疗服务量不断增加。

实施健康中国战略，要健全全民医疗保障制度。全民医疗保障制度是

---

①《中华人民共和国国民经济和社会发展第十三个五年规划纲要》，《人民日报》2016年3月18日。

②《国务院印发〈“十三五”深化医药卫生体制改革规划〉》，《人民日报》2017年1月10日。

整个健康中国系统的基础，要“完善医保筹资和待遇调整机制，实施好城乡居民基本医保‘六统一’政策，完善统一的城乡居民基本医疗保险制度和大病保险制度，加强制度间衔接”[①]。通过整合城乡居民医保办理和管理方式，将“覆盖范围、筹资政策、保障待遇、医保目录、定点管理、基金管理”六项内容统一起来。在实施健康中国战略的大环境下，全民医保建设应立足于覆盖范围和覆盖时间两个方面。覆盖范围强调的是医疗保障覆盖的人员范围，既包括城乡居民、城镇职工，也要包括妇女儿童、老年人、贫困人口、流动人口等。覆盖时间强调的是进行医疗保障的时间，以往是以治病为中心，着重保障的是人民出现疾病等健康问题后进行保障，现在健康中国倡导的是“以健康为中心”，要针对生命不同阶段出现的健康问题进行及时保障，使保障伴随始终。要建立起一个普惠全民的医疗保障体系，同时融合多种形式的保障，例如医疗保险、意外保险等。健全医疗保障，除了利用基本医保的基础性保障功能以外，可以发展多种形式的社会保险，满足人民不同保障的需求。

实施健康中国战略，要加强重大疾病防治和基本公共卫生服务。根据国家卫生健康委员会发布的《2017年我国卫生健康事业发展统计公报》数据显示，随着健康中国战略的逐步实施，医改不断向纵深推进，人民群众健康需求不断得到满足，人民群众健康水平持续提高。2016年8月19日至20日，全国卫生与健康大会在京举行，习近平在会上指出：“要坚定不移贯彻预防为主方针，坚持防治结合、联防联控、群防群控，努力为人民群众提供全生命周期的卫生与健康服务。要重视重大疾病防控，优化防治策

①李斌：《实施健康中国战略》，《人民日报》2018年1月12日。

略，最大程度减少人群患病。”[1]随后，中共中央、国务院印发了《“健康中国2030”规划纲要》，提出了“加强重大传染病防控，完善传染病监测预警机制，继续实施扩大国家免疫规划”的理念。

实施健康中国战略，要促进中医药传承与发展。党的十八大以来，以习近平为核心的党中央领导集体高度重视发展中医药事业，把促进中医药传承与发展纳入“两个一百年”的奋斗目标。促进中医药传承与发展，需要发挥中医药的原创优势，促进中医药产业提质增效。“中药产业具有自主知识产权独特的科技资源，在创新性国家建设中发挥重要作用，同时中医药的产业链长，在拉动就业、拉动内需、带动结构调整和转型升级等方面都会起到重要作用，在经济领域中中医药能发挥更大的作用。”[2]随着科学技术的进步和现代医学的快速发展，中医药的发展规模不断扩大。要实现中医药产业的快速持续发展，成为国民经济重要支柱，要深刻认识现阶段中医药发展面临的机遇和挑战，根据未来医学发展的趋势，不断继承和发展中医药产业。我国的中医药环境发生了深刻变化，新时期面临着许多发展的挑战。面对中医产业发展面临的挑战，需要从各个方面进行改革。首先，要推动中医药发展创新。其次，要加强中药资源的保护，规范中药的生产和使用。再次，要提高中医医疗服务能力。又次，要吸取西医的发展经验，走中西医结合之路。最后，要注重多渠道、多途径培养中医药人才，注重激发中医药工作者的工作热情。

实施健康中国战略，要保障食品药品安全。中共中央国务院印发的

---

①《习近平在全国卫生与健康大会上强调：把人民健康放在优先发展战略地位，努力全方位全周期保障人民健康》，《人民日报》2016年8月21日。

②桑滨生：《〈中医药发展战略规划纲要（2016—2030年）〉解读》，《世界科学技术—中医药现代化》2016年第7期。

《“健康中国2030”规划纲要》指出：“完善食品安全标准体系，实现食品安全标准与国际标准基本接轨。加强食品安全风险监测评估，到2030年，食品安全风险监测与食源性疾病报告网络实现全覆盖。”[①]保障食品安全，要建立科学有效的监管体系。在食品方面，要“建立食用农产品全程追溯协作机制，完善统一权威的食品安全监管体制，建立职业化检查员队伍，加强检验检测能力建设，强化日常监督检查，扩大产品抽检覆盖面要加强法制建设”[②]。在药品方面，要“完善国家药品标准体系，实施医疗器械标准提高计划，积极推进中药（材）标准国际化进程。全面加强药品监管，形成全品种、全过程的监管链条。加强医疗器械和化妆品监管”[③]。对待生产、销售假劣产品的食品药品企业等要严肃处理，除了相关部门的有效监控外，利用社会的监督，建立从业人员信用体系。通过建立食品药品从业人员信用体系，将参与食品药品生产、销售等活动的人员都纳入诚信体系，通过分级管理，重点把控诚信等级较差的从业人员，实施全面和重点把控监督。

（三）实施健康中国战略的重大意义

党的十八届五中全会提出推进健康中国建设，是健康中国战略上升为国家战略的开始。健康中国建设，是国家根据发展形势作出的重大决策部署，以满足人民群众健康需求为发展目标，能够有效地促进医疗、卫生、

①《中共中央国务院印发〈“健康中国2030”规划纲要〉》，《人民日报》2016年10月26日。

②《中共中央国务院印发〈“健康中国2030”规划纲要〉》，《人民日报》2016年10月26日。

③《中共中央国务院印发〈“健康中国2030”规划纲要〉》，《人民日报》2016年10月26日。

健康事业的协调发展。

实施健康中国战略，丰富了发展理论。健康中国战略，坚持以人民为中心，把发展人民健康放在优先发展的战略位置；坚持共建共治共享，引导全社会、全体民众广泛参与到健康中国建设上来；坚持“大健康”理念，统筹推进身体、心理、精神、社会四个方面的全面发展，实现从以治病为中心到以健康为中心的转变。对健康的认识与发展，从最初的治病到提前预防，促进健康，这既是在新时期对发展理念的创新，也是丰富有关健康中国建设的理论。

实施健康中国战略，能够推进全面小康社会的建成。习近平总书记在2016年8月19日至20日全国卫生与健康大会上指出：“没有全民健康，就没有全面小康。”①把人民健康放在优先发展的战略位置，将健康服务、健康生活、健康保障、健康环境、健康产业统筹起来，建设全方位、全周期的健康建设，为实现中华民族伟大复兴中国梦奠定基础。只有实施健康中国战略，才能保证全民健康目标的实现，才能满足人民日益增长的美好生活的需要。通过倡导健康的生活方式、健全医疗保障制度和医疗服务体系、健全药品供应保障制度、实施食品安全战略，才能为全面建成小康社会打下坚实基础。

实施健康中国战略，能够显著改善人民生活。“共享共建”是实施健康中国战略的战略主题，改革开放以来，我国的社会生产力水平显著提高，人民的生活得到明显改善，实施健康中国战略，通过基本医疗卫生制度、分级诊疗制度、现代医院管理制度、全民医保制度、药品供应保障制

①《习近平在全国卫生与健康大会上强调：把人民健康放在优先发展战略地位，努力全方位全周期保障人民健康》，《人民日报》2016年8月21日。

度、综合监管制度等，构建了一张惠及全民、惠及各方面的保障大网，全面提升人民的生活品质，对人民的生活进行大范围改善。

实施健康中国战略，为今后的健康中国建设奠定基础。随着健康中国战略的实施，“大健康”“大卫生”的理念逐渐深入人心，现在的发展由过去的“重治疗”向“重预防”方向转变。颁布实施的《“健康中国2030”规划纲要》是今后推进健康中国建设的行动纲领，涵盖发展目标、战略重点、主要任务以及保障措施等，将对日后的健康中国建设给予巨大指导作用。

十、依法治国基本方略

马克思曾明确指出：“法律是肯定的、明确的、普遍的规范。”[①]法是由国家制定或认可的，这是法区别于其他社会规范的重要特点之一。马克思和恩格斯在历史上第一次科学地揭示了法的本质，认为“法不是从人们的物质关系以及人们由此而产生的互相斗争中产生的”[②]。

（一）依法治国的科学内涵与历史定位

发展社会主义民主，健全社会主义法治，依法治国，建立社会主义法治国家，是历代中国共产党人建设中国特色社会主义的重要目标。在制定新中国第一部宪法的过程中，毛泽东曾指出：“一个团体要有一个章程，

①《马克思恩格斯选集》（第一卷），人民出版社，1995，第176页。
②《马克思恩格斯全集》（第三卷），人民出版社，1960，第363页。

一个国家也要有一个章程，宪法就是一个总章程，是根本大法。”[①]党的八大也提出：“由于社会主义革命已经基本上完成，国家的主要任务已经由解放生产力变为保护和发展生产力，我们必须进一步加强人民民主的法制，巩固社会主义建设的秩序。国家必须根据需要，逐步地系统地制定完备的法律。一切国家机关和国家工作人员必须严格遵守国家的法律，使人民的民主权利充分地受到国家的保护。”[②]十一届三中全会以后，邓小平针对“文化大革命”时期我国法制建设遭受严重破坏以及改革开放中出现的新情况，十分强调和重视法制建设。他指出：“要继续发展社会主义民主，健全社会主义法治。这是三中全会以来坚定不移的基本方针，今后也决不允许有任何动摇。我们的民主制度还有不完善的地方，要制定一系列的法律、法令和条例，使民主制度化、法律化。”[③]党的十三届四中全会以后，江泽民进一步继承和发展了邓小平关于加强社会主义法制建设的思想，并于1996年2月提出了依法治国思想。党的十五大报告第一次深刻地阐述了依法治国的含义，把依法治国确定为党领导人民治理国家的基本方略，提出了依法治国、建设社会主义法治国家的历史任务。1999年3月，九届全国人大二次会议通过的宪法修正案明确提出“中华人民共和国实行依法治国，建设社会主义法治国家”，正式把这一治国方略以国家根本大法的形式确定下来。

依法治国，就是广大人民群众在党的领导下，依照宪法和法律规定，通过各种途径和形式管理国家事务，管理经济文化事业，管理社会事务，

①《毛泽东文集》（第六卷），人民出版社，1999，第328页。
②《建国以来重要文献选编》（第九册），中央文献出版社，1994，第350—351页。
③《邓小平文选》（第二卷），人民出版社，1994，第359页。

保证国家各项工作都依法进行，逐步实现社会主义民主的制度化、法律化，使这种制度和法律不因领导人的改变而改变，不因领导人看法和注意力的改变而改变。深刻理解依法治国的科学内涵，应注意把握：依法治国的主体是党领导下的人民群众，也就是党领导人民实行依法治国。依法治国的客体是国家事务、经济文化事业和社会事务。依法治国就是要保证对所有这些事业、事务的管理工作都要依法进行。依法治国所依的法，最重要的是宪法和法律。我国宪法和法律体现了党的主张和人民利益、人民意志的统一。

依法治国是社会文明进步的显著标志，是国家长治久安的重要保障，是建设中国特色社会主义经济、政治、文化，构建和谐社会的必然要求。第一，依法治国是中国共产党执政方式的重大转变，有利于加强和改善党的领导。依法治国同坚持和改善党的领导是完全一致的。江泽民指出："依法治国，有利于从法律上制度上保证党的基本路线和基本方针的贯彻落实，保证党始终发挥总揽全局、协调各方的核心作用。"[①]第二，依法治国是发展社会主义民主、实现人民当家作主的根本保证。民主与法治相互依赖，相互促进，密不可分。社会主义民主是社会主义法治的基础，社会主义法治是社会主义民主的保障。只有人民掌握政权，实行社会主义民主，才能把自己的意志上升为国家法律，建立起自己的法律制度。同时，人民的民主权利和公民的基本权利，国家经济、政治、文化和社会生活各个方面的民主制度、民主结构、民主形式和民主程序，都需要有法律加以确认、规范，并通过国家的强制力来保证实施。第三，依法治国是发

①《江泽民论有中国特色社会主义（专题摘编）》，中央文献出版社，2002，第328页。

展社会主义市场经济和扩大对外开放的客观需要。一个比较成熟的市场经济，必然要求并具有比较完备的法制。市场经营活动的运行，市场秩序的维系，国家对经济活动的宏观调控和管理，以及生产、交换、分配、消费等各个环节，都需要法律的引导和规范。在国际经济交往中，也需要按国际惯例和国与国之间约定的规则办事。这些都是市场经济的内在要求。实行依法治国，才能适应发展社会主义市场经济的要求，适应我国加入世贸组织、发展开放型经济的需要。第四，依法治国是国家长治久安的重要保障。社会稳定、安定团结是我国各项事业顺利发展的前提。稳定压倒一切。要保持社会稳定，就必须依靠法治来协调社会关系，化解社会矛盾。同时，还要依法严厉打击各种犯罪活动，加强社会治安综合治理，创造良好的社会治安环境。

（二）依法治国方略的确立与发展历程

中国共产党执政以后，用什么样的方式治理好国家，如何更好地维护和实现最广大人民的根本利益，始终是党的领导集体孜孜以求、不断探索的一个重大的理论问题和实践问题。以毛泽东为核心的第一代中央领导集体，领导人民建立起人民民主专政的国家政权，开创了新中国社会主义法制建设的伟大事业。然而，新中国的法制事业也经历了曲折。在“文化大革命”中，国家法制惨遭严重破坏。针对这种现象，以邓小平为核心的第二代中央领导集体，在总结过去经验教训的基础上，坚定地提出了“加强社会主义民主，健全社会主义法治”的历史性任务，确定了“有法可依，有法必依，执法必严，违法必究”的社会主义法制建设方针。在1979年3月党的理论工作务虚会上，邓小平指出：“没有民主就没有社会主义，就没有社会主义的现代化。”[①]这是对“文化大革命”教训的深刻总结和高度概括。他在1986年1月的中央政治局常委会上明确指出：“搞四个现代化一定要有两手，只有一手是不行的。所谓两手，即一手抓建设，一手抓法律。党有党纪，国有国法。”[②]1986年3月，邓小平指出：“我们现在搞两个文明建设，一是物质文明，一是精神文明。实行开放政策必然会带来一些坏的东西，影响我们的人民。……我们用法律和教育这两个手段来解决这个问题。”[③]1989年6月，他再次重申：“要两手抓，一手要抓改革开放，一手要抓严厉打击经济犯罪，包括抓思想政治工作。就是两点论。”[④]1992年邓小平在南方谈话中指出：“还是要靠法制，搞法制靠得住些。”[⑤]十四大以邓小平南方谈话精神为指导，从建立社会主义市场经济的高度，阐述了加强社会主义法制的极端重要性。邓小平这些重要指示的实质，就是坚定不移地走依法治国之路。中国社会主义法制建设的新局面从此打开。

1996年2月8日，江泽民在中共中央举办的第三次法制讲座上的重要讲话中，第一次明确提出了依法治国思想：“加强社会主义法制建设，依法治国，是邓小平建设有中国特色社会主义理论的重要组成部分，是我们党和政府管理国家和社会事务的重要方针。实行和坚持依法治国，就是使国家各项工作逐步走上法制化的轨道，实现国家政治生活、经济生活、社会生活的法制化、规范化；就是广大人民群众在党的领导下，依照宪法和法

①《邓小平文选》（第二卷），人民出版社，1994，第168页。
②《邓小平文选》（第三卷），人民出版社，1993，第154页。
③《邓小平文选》（第三卷），人民出版社，1993，第156页。
④《邓小平文选》（第三卷），人民出版社，1993，第306页。
⑤《邓小平文选》（第三卷），人民出版社，1993，第379页。

律的规定，通过各种途径和形式，管理国家事务，管理经济和文化事业，管理社会事务；就是逐步实现社会主义民主的制度化、法律化。”[①]随后召开的八届全国人大四次会议把“依法治国，建设社会主义法治国家”作为一条基本方针和奋斗目标，写入《国民经济和社会发展“九五”计划和2010年远景目标纲要》。1997年9月，江泽民在十五大政治报告中，更加科学、完整、准确地提出了实行依法治国的基本方略和基本目标。他在报告中指出：“依法治国，就是广大人民群众在党的领导下，依照宪法和法律规定，通过各种途径和形式管理国家事务，管理经济文化事业，管理社会事务，保证国家各项工作都依法进行，逐步实现社会主义民主的制度化、法律化，使这种制度和法律不因领导人的改变而改变，不因领导人看法和注意力的改变而改变。依法治国，是党领导人民治理国家的基本方略，是发展社会主义市场经济的客观需要，是社会文明进步的重要标志，是国家长治久安的重要保障。”[②]报告标志着我们党对治国方略在认识上的深化和升华，在理论上的深入和完善，在实践上更加注重法律实施和实效。1999年3月，在九届全国人大二次会议上，“中华人民共和国依法治国，建设社会主义法治国家”这一治国方略，被正式写入宪法修正案。这标志着依法治国从全党意志转化为全国人民的国家意志，从而确立了国家根本法的法律地位和法治保障。

党的十八大以来，以习近平总书记为核心的党中央从关系党和国家前途命运的战略全局出发，将全面依法治国纳入“四个全面”战略布局，作出一系列重大决策部署，开启法治中国建设新时期。2014 年 10 月，党的

---

①《江泽民文选》（第一卷），人民出版社，2006，第511页。

②《江泽民文选》（第二卷），人民出版社，2006，第28—29页。

十八届四中全会通过了《关于全面推进依法治国若干重大问题的决定》，确立了建设中国特色社会主义法治体系、建设社会主义法治国家的总目标，形成了坚持中国共产党的领导、坚持法律面前人人平等、坚持人民主体地位等原则。“2018 年 3 月 11 日，十三届全国人大一次会议审议通过《中华人民共和国宪法修正案》，把党的十九大确定的重大理论观点和重大方针政策特别是习近平新时代中国特色社会主义思想载入国家根本法，将党的意志上升为国家意志。”① 这是 1982 年宪法实施以来，最高立法机关第五次对国家根本法进行修改和变动，是党的主张与人民意志时刻保持高度一致的体现，展现了中国特色社会主义民主政治与时俱进的时代特色。

（三）全面推进依法治国的举措和重大意义

社会主义法制是人民按照自己的意志，通过国家政权所建立起来的法律制度和执法原则，是人民当家作主和治理国家的基本方法。法制是依法治国的前提和基础。经济的发展，社会的进步，都离不开法制的健全。推进依法治国进程，建设社会主义法治国家，必须大力加强社会主义法制建设。

加强社会主义法制建设的基本要求，可以用16个字来概括，即有法可依，有法必依，执法必严，违法必究。有法可依就是要建立统一、完备、科学的法律体系和制度，即立法能够适应不断发展的经济、政治、文化和社会生活的需要，及时对各种社会关系进行规范。法律体系应当力求完整、科学、严谨、系统；各部门法应当合理划分，彼此协调，共同发挥作用；法律规范应当明确、肯定、具体，具有可操作性。法律的内容应当体

①魏哲哲：《绘就全面依法治国的斑斓画卷——党的十八大以来我国全面推进依法治国新成就总述》，《人民日报》2018年9月7日。

现最广大人民的利益，不能把部门利益法律化。应当避免和消除各国家机关不同时期的法律、法规之间的矛盾以及法律、法规与法律解释之间的矛盾。有法必依就是要保证法律效力的普遍性和有效性，即尽量排除和杜绝立法、执法、司法、守法和法律监督中的随意性、偶然性和腐败现象；坚持法律面前人人平等，任何组织和个人都不能有超越宪法和法律的特权。公民不分民族、种族、性别、职业、家庭出身、宗教信仰、教育程度、财产状况、居住期限，都必须平等地遵守宪法、法律和其他法规，依法平等地享有法定的权利和承担法定的义务；任何公民的合法权益必须毫无例外地受到法律的平等保护。要建立和健全法律服务机构，保证法律正确实施。执法必严就是要确保严格公正的执法和司法。司法机关应当独立公正地行使司法权，不受其他机关、社会团体和个人的非法干预。要按照公正司法、文明执法的要求，完善司法机关的机构设置、职能划分和管理制度，形成权责明确、相互配合、相互制约、高效运行的司法体制和工作机制，维护司法权威，维护公民、法人和其他组织的合法权益，维护社会公平和正义。要加强执法、司法队伍的建设和对他们工作的监督，防止他们滥用权力。违法必究就是对一切违法犯罪行为都要按照以事实为依据、以法律为准绳的原则给予惩处。在法律面前人人平等，不容许任何组织和个人有超越宪法和法律的特权。这四个方面相互联系、相互制约。有法可依是前提，有法必依是核心，执法必严是关键，违法必究是保障。

进入新时期以来，面对新形势新挑战新任务，以习近平为核心的党中央，立足于“四个全面”的战略布局和“两个一百年”的奋斗目标，提出了习近平全面依法治国思想。十八届三中全会通过了《中共中央关于全面深化改革若干重大问题的决定》，将推进国家治理体系和治理能力现代化纳入全面深化改革的总目标。十八届四中全会通过了《中共中央关于全面推进依法治国若干重大问题的决定》，将全面推进依法治国纳入"四个全面"的战略布局。这是以习近平为核心的党中央关于治国理政思想的重要组成部分，是马克思主义法律观、法治观中国化的最新理论成果。根据《中共中央关于全面推进依法治国若干重大问题的决定》，全面推进依法治国的总目标是"建设中国特色社会主义法治体系，建设社会主义法治国家"①。原则是坚持中国共产党的领导，坚持人民主体地位，坚持法律面前人人平等，坚持依法治国和以德治国相结合，坚持从中国实际出发。总体思路是要建设五大法治体系，即建设完备的法律规范体系、高效的法治实施体系、严密的法治监督体系、有力的法治保障体系、完善的党内法规体系。以中国特色社会主义法治体系为总抓手，统筹推进依法治国、依法执政、依法行政，建设法治国家、法治政府、法治社会。

全面推进依法治国，要坚持中国共产党的领导。坚持中国共产党的领导是依法治国的关键，2015年2月2日，习近平在省部级主要领导干部学习研讨班开班仪式上指出："中国共产党是中国特色社会主义事业的领导核心，处在总揽全局、协调各方的地位。社会主义法治必须坚持党的领导，党的领导必须依靠社会主义法治。法是党的主张和人民意愿的统一体现，党领导人民制定宪法法律，党领导人民实施宪法法律，党自身必须在宪法法律范围内活动，这就是党的领导力量的体现。党和法、党的领导和依法治国是高度统一的。我们就是在不折不扣贯彻着以宪法为核心的依宪治

①《中共中央关于全面推进依法治国若干重大问题的决定》，人民出版社，2014，第4页。

国、依宪执政，我们依据的是中华人民共和国宪法。”[①]党的领导是实现依法治国、实现社会主义法治所必须坚持的，而党必须在宪法法律的范围内活动，这是发展的根本要求，体现了依法治国和党的领导的辩证统一。

全面推进依法治国，要坚持人民主体地位。人民是依法治国的主体和力量源泉，是我党治国理政的基础和前提。全面推进依法治国，要坚持人民当家作主，发挥人民的主体性作用，这是由我国的国家性质决定的。我国宪法规定“中华人民共和国的一切权力属于人民”，进行法治建设要以保障人民幸福安康为目标，切实保障人民权利。十八届四中全会将“坚持人民主体地位”作为全面推进依法治国建设所必须坚持的一项基本原则。十八届五中全会指出：“人民是推动发展的根本力量，实现好、维护好、发展好最广大人民根本利益是发展的根本目的。必须坚持以人民为中心的发展思想，把增进人民福祉、促进人的全面发展作为发展的出发点和落脚点，发展人民民主，维护社会公平正义，保障人民平等参与、平等发展权利，充分调动人民积极性、主动性、创造性。”[②]要保证人民在国家政治、经济、社会生活中的主体地位，发挥人民在管理国家、经济、社会、文化事业中的主动性，“坚持人民主体地位，支持和保证人民通过人民代表大会行使国家权力。要扩大人民民主，健全民主制度，丰富民主形式，拓宽民主渠道，从各层次各领域扩大公民有序政治参与，发展更加广泛、更加充分、更加健全的人民民主”[③]。

---

①《习近平在省部级主要领导干部学习贯彻十八届四中全会精神，全面推进依法治国专题研讨班开班式上发表重要讲话强调：领导干部要做尊法学法守法用法的模范，带动全党全国共同全面推进依法治国》，《人民日报》2015年2月3日。

②《十八大以来重要文献选编》（中），中央文献出版社，2016，第789页。

③习近平：《在庆祝全国人民代表大会成立60周年大会上的讲话》，人民出版社，2014，第7页。

全面推进依法治国，要建设五大法治体系，分别为完备的法律规范体系、高效的法治实施体系、严密的法治监督体系、有力的法治保障体系、完善的党内法规体系。建设中国特色社会主义法治体系，要大力推进中国法治现代化和国家治理现代化建设。目前我国已建立起社会主义法律规范体系，但仍有一些法律规范体系没有建立，导致我国的一些领域无法可依，“有些法律法规未能全面反映客观规律和人民意愿；有些法律法规针对性、可操作性不强；有些法律法规由于是部门利益或地方利益博弈的结果，带有严重的部门化、地方化倾向，致使实践中争权诿责现象较为突出；有些法律规范互相‘打架’，致使公民、法人乃至执法者和司法者无所适从”①。

要“健全有立法权的人大主导立法工作的体制机制，发挥人大及其常委会在立法工作中的主导作用。建立由全国人大相关专门委员会、全国人大常委会法制工作委员会组织有关部门参与起草综合性、全局性、基础性等重要法律草案制度。增加有法治实践经验的专职常委比例。依法建立健全专门委员会、工作委员会立法专家顾问制度”②，同时要健全立法机关同社会公众的沟通机制，发挥政协委员、民主党派、工商联、无党派人士、人民团体、社会组织在立法协商中的作用。拓宽公民参与立法的渠道，积极吸纳公众对立法的意见和建议，保证立法科学性、民主性。法律实施是制定法律体系的直接目的，法律实施的成效将直接影响国家治理成果的成效，影响中国社会主义发展大业。建立高效的法律实施体系，首先

①张文显：《全面推进依法治国的伟大纲领——对十八届四中全会精神的认知与解读》，《法制与社会发展》，2015年第1期。

②《中共中央关于全面推进依法治国若干重大问题的决定》，人民出版社，2014，第10页。

要保证宪法的实施。推进依法治国要推进依宪治国，要树立宪法权威，保证宪法的实施。而保障宪法和法律的实施，要不断提高广大人民的法律意识，尊重法律权威和法律效力；要坚持党的领导、人民当家作主、依法治国的有机统一。

建设严密的法治监督体系，既要建立外部监督和内部监督，又要加强人大、党内监督，也要加大行政、司法、审计的监督，更要发挥社会监督的作用，利用社会的力量进行督促，构建严密的监督体系，形成强大的监督合力，使党和国家工作人员的行为符合宪法法律的规定。形成有力的法治保障体系，要统筹政治保障、思想保障、组织保障、制度保障等。要建立完善的党内法规体系，要深入推进依法行政，建设法治政府。《中共中央关于全面推进依法治国若干重大问题的决定》指出："各级政府必须坚持在党的领导下、在法治轨道上开展工作，创新执法体制，完善执法程序，推进综合执法，严格执法责任，建立权责统一、权威高效的依法行政体制，加快建设职能科学、权责法定、执法严明、公开公正、廉洁高效、守法诚信的法治政府。"①

全面推进依法治国，要坚持中国共产党的领导、人民当家作主、依法治国的有机统一。习近平总书记在参加庆祝中国共产党成立95周年大会上指出："改革和法治如鸟之两翼、车之两轮。我们要坚持走中国特色社会主义法治道路，加快构建中国特色社会主义法治体系，建设社会主义法治国家。全面依法治国，核心是坚持党的领导、人民当家作主、依法治国有机统一。"②全面推进依法治国，必须将坚持中国共产党的领导、人民当

①《中共中央关于全面推进依法治国若干重大问题的决定》，人民出版社，2014，第15页。

②习近平：《在庆祝中国共产党成立95周年大会上的讲话》，人民出版社，2016，第17页。

家作主、依法治国统一起来，走中国特色社会主义法治道路，按照中国特色社会主义法治理论，构建完备的法律规范体系、高效的法治实施体系、严密的法治监督体系、有力的法治保障体系，促进依法治国、依法执政、依法行政共同发展。党的领导是人民当家作主和依法治国的根本保证，人民当家作主是社会主义民主政治的本质特征，依法治国是党领导人民治理国家的基本方式，三者统一于我国社会主义民主政治的伟大实践。

2017年5月3日，习近平总书记在中国政法大学考察时强调："全面依法治国是坚持和发展中国特色社会主义的本质要求和重要保障，事关我们党执政兴国，事关人民幸福安康，事关党和国家事业发展。"[①]全面推进依法治国，是党和政府从进行社会主义现代化建设的角度出发，深刻总结我国关于社会主义法治建设的经验和教训作出的重大决策，是实现"两个一百年"奋斗目标和中华民族伟大复兴中国梦的必然选择。

在新的历史时期，全面推进依法治国，仍需坚持"建设中国特色社会主义法治体系"这个总揽全局、协调各方的总抓手；坚持立、改、废、释、授权并举，推进科学、民主立法，加强重点领域立法，不断完善中国特色社会主义法律体系；坚持依法治国、依法执政、依法行政三个方面共同推进；坚持法治国家、法治政府、法治社会三个一体化建设；处理好法治与德治的关系；将坚持党的领导、人民当家作主、依法治国有机统一起来，不断开创依法治国的新局面。

①《习近平在中国政法大学考察时强调：立德树人德法兼修抓好法治人才培养，励志勤学刻苦磨炼促进青年成长进步》，《人民日报》2017年5月4日。

第三章
中国特色社会主义发展战略必须坚持的实践道路

中国特色社会主义发展战略是在中国特色社会主义道路的总体框架下贯彻实施的，具体而言，它要坚持的实践道路主要包括中国特色自主创新道路、中国特色新型工业化道路、中国特色农业现代化道路、中国特色城镇化道路和中国特色社会主义政治发展道路。

一、中国特色自主创新道路

（一）走中国特色自主创新道路的必要性和依据

中国特色自主创新道路是我国社会主义现代化的重要战略，是走中国特色新兴工业化道路、中国特色农业现代化道路和中国特色城镇化道路的基础和动力。中国特色自主创新道路，是指将科技创新作为国家基本战略，以获得自主知识产权、掌握核心技术为宗旨，以我为主发展与整合创新资源，进行创新活动，大幅度提高科技创新能力，并贯彻到现代化建设的各个方面，从而形成强大的国家竞争优势的发展道路。

走中国特色自主创新道路，是顺应当今时代特征和着眼于我国经济社会发展全局作出的战略选择。

第一，是应对世界科技革命和提高我国竞争力的需要。发轫于20世纪中叶的新科技革命引发了世界范围内生产力、生产方式、生活方式和经济社会发展观等前所未有的深刻变革。特别是进入21世纪，世界新科技革命的发展势头更加迅猛，正孕育着新的重大突破。信息科技、生物技术以及纳米科技等在推动经济增长、改善和提高人类生活质量、化解世界性能源危机等方面发挥着关键性作用，促使各国在经济实力、科技实力、国防实力和民族凝聚力等方面，展开了前所未有的激烈竞争。当今国际竞争，从根本上说是科技的竞争，特别是自主创新能力的竞争，谁在知识和科技创新方面占据优势，谁就能够在发展上掌握主动。日趋激烈的国际竞争所带来的机遇和挑战，要求我们必须坚持走中国特色自主创新道路，把提高自主创新能力作为建设创新型国家和发展中国特色社会主义的重大战略任务。

第二，是针对我国发展的阶段性特征，解决当前发展面临的突出矛盾和问题的迫切要求。改革开放以来，我国经济社会发生了历史性的巨变，取得了举世瞩目的发展成就，但是必须看到，我国仍然处于并将长期处于社会主义初级阶段的国情并没有根本性改变，我们的发展还是低水平的、粗放的和不均衡的，是以巨大的资源消耗和生态环境损害为代价的。目前，我们正处于全面建成小康社会、加快推进社会主义现代化的新阶段。现代化建设的主要方向是推动工业化、信息化、城镇化、市场化、国际化，这对发挥科技的支撑和引领作用提出了新的要求。但是我国科技发展现状还难以完全适应小康社会的新要求。我国在科技研究、科技创新能力、科技人力资源、科技基础条件、科技投入水平等方面与科技领先国家相比，仍存在较大差距。我国虽已成为经济大国和贸易大国，但一些产业的核心技术仍然受制于人。因此，转变发展方式，在优化结构，提高效益，降低消耗，保护环境的基础上，实现“两个一百年”奋斗目标，“就一定要紧紧依靠科技进步和自主创新的有力支撑，一定要改变我国人均劳动生产率低、附加值低，单位国内生产总值耗能高，生态环境代价高的现状，走中国特色自主创新道路”。①

（二）走中国特色自主创新道路的已有成就和发展方向

改革开放40年来，我国坚持走自主创新道路，建成了全面的科技创新体系、种类齐全的工业体系，创新方面取得了杰出的成就。2017年全国高新技术企业达到13.6万家，从业人员超过2500万人，研发人员占全国从业人员的55%，营业总收入超过了30万亿元，2017年科技进步对经济增长的贡献率达到57.5%。“科技投入的产出质量和效率大幅提升，我国已成为全世界第二大高质量论文贡献国，发明专利申请量和授权量均居世界第一，有效发明专利保有量达122.7万件，居世界第三。研发人员全时当量达388万人年，居世界第一。2017年国家创新指数排名升至世界第17位。”②

依靠自主创新，我国取得了一系列重大的科技成果。利用“长征”二号丁运载火箭成功将世界上首颗量子实验卫星“墨子号”送入太空；“天宫二号”发射升空；发明全球最大口径球面射电望远镜“天眼”；造

①郑德荣等：《中国特色社会主义道路基本问题研究》，人民出版社，2012，第170页。
②王志刚：《以改革驱动创新，以创新驱动发展》，《中国科学院》2018年第4期。

出核聚变实验装置“人造太阳”；绘制全新人类脑图谱；发明世界最快的超级计算机“神威太湖之光”；造出世界最大起重船“振华30号”……十八大以来，以习近平为核心的中央领导集体高度重视科技创新，实施创新驱动发展战略，制定政策和措施积极推动我国创新事业的发展，不断拓宽我国自主创新的道路。党的十九大作出对科技创新、建设创新型国家的部署，打造了一批集中的创新区域，“以北京、上海科技创新中心为龙头推动形成一批新的区域增长极、增长带，做好雄安新区科技创新顶层设计，支持粤港澳大湾区形成国际科技创新中心”①。同时，我国积极参与国际的创新活动，与东盟、南亚、阿拉伯等地区成为科技伙伴；通过实施“一带一路”科技创新行动计划，我国建立了130多个联合研究中心。与此同时，我国的科技成果转化发展迅猛。“2017年全国技术合同成交额达到1.3万亿元，各类技术交易市场超过1000家，高校、科研院所成果转化‘量’‘质’齐增。创新创业孵化链条日趋完善，4298家各类众创空间与3255余家孵化器和400余家加速器，形成接递有序的格局，服务创业团队和初创企业近50万家，带动就业超过280万人。科技成果转化的金融支持力度不断加大，国家科技成果转化引导基金累计设立14支创业投资子基金，中央财政投入56亿元，引导地方政府、金融机构、民间资本投资规模达247亿元。”②

十八大以来，以习近平为核心的党中央提出“创新发展战略”，将创新驱动发展摆在重要的战略位置，引领我国的经济社会建设事业，取得了辉煌的成就，为实现伟大复兴中国梦和全面建成小康社会积蓄巨大的科技力量。

①王志刚：《以改革驱动创新，以创新驱动发展》，《中国科学院》2018年第4期。
②王志刚：《以改革驱动创新，以创新驱动发展》，《中国科学院》2018年第4期。

（三）新时期走自主创新道路的战略措施

提高我国自主创新能力，建设创新型国家，既要顺应世界科技发展潮流，遵循科技发展规律，又要紧密结合我国国情和国家战略需求，选择顺应时代要求、符合我国实际的技术创新模式。

第一，把握战略重点，统筹安排全局，坚持把提高自主创新能力摆在突出位置。自主创新能力是国家竞争力的核心，是我国应对未来挑战的重大选择，是统领我国未来科技发展的战略主线，是实现建设创新型国家目标的根本途径。因此，必须按照“自主创新、重点跨越、支撑发展、引领未来”的指导方针，根据全面建设小康社会的紧迫需求、世界科技发展趋势和我国国力，对我国科技发展作出总体部署，统筹当前和长远，全面加强原始创新、集成创新和引进消化吸收再创新，坚持有所为有所不为，选择具有一定基础和优势、关系国计民生和国家安全的关键领域，集中力量、重点突破，从而实现跨越式发展。

第二，深化科技管理体制改革，加快国家创新体系建设。一是继续推进科技体制改革，充分发挥政府的主导作用，充分发挥市场在科技资源配置中的基础性作用，充分发挥企业在技术创新中的主体作用，充分发挥国家科研机构的骨干和引领作用，充分发挥大学的基础和生力军作用，进一步形成科技创新的整体合力，为建设创新型国家提供良好的制度保障。二是进一步完善适应社会主义市场经济发展要求的政府管理科技事业的体制机制，建立健全有关法律法规，完善科技开发计划，促进科技创新要素和其他社会生产要素有机结合，形成科技不断促进经济社会发展、社会不断增加科技投入的良好机制。

第三，创造良好环境，培养造就富有创新精神的人才队伍。科技创新，关键在人才。杰出科学家和科学技术人才群体，是国家科技事业发展的决定性因素。培养大批具有创新精神的优秀人才，造就有利于人才辈出的良好环境，充分发挥科技人才的积极性、主动性、创造性，是建设创新型国家的战略举措。坚持贯彻尊重劳动、尊重知识、尊重人才、尊重创造的方针，全面实施人才强国战略，牢固树立人才资源是第一资源的观念，完善适合我国科技发展需要的人才结构，不断发展壮大我国科技人才队伍。坚持在创新实践中发现人才、在创新活动中培育人才、在创新事业中凝聚人才。

第四，发展创新文化，努力培育全社会的创新精神。大力发扬中华文化的优良传统，大力增强全民族的自强自尊精神，大力增强全社会的创造活力。在全社会培育创新意识，倡导创新精神，完善创新机制，大力提倡敢为人先、敢冒风险的精神，大力倡导敢于创新、勇于竞争和宽容失败的精神，在全社会形成鼓励尊重创新创业的社会环境与氛围，努力营造鼓励科技人员创新、支持科技人员实现创新的有利条件。

二、中国特色新型工业化道路

（一）中国特色新型工业化道路的提出和内涵

2002年11月8日，江泽民在十六大报告中指出，要走新型工业化道路，“实现工业化仍然是我国现代化进程中艰巨的历史性任务。信息化是我国加快实现工业化和现代化的必然选择。坚持以信息化带动工业化，以工业化促进信息化，走出一条科技含量高、经济效益好、资源消耗低、环境污染少、人力资源优势得到充分发挥的新型工业化路子”[①]。

新兴工业化道路是中国特色社会主义道路战略布局中的非常重要的领域，关系到国民经济的全局。新兴工业化道路就是坚持以信息化带动工业化，以工业化促进信息化，走出一条科技含量高、经济效益好、资源消耗低、环境污染少、人力资源优势得到充分发挥的新型工业化路子。科技含量高，就是要充分发挥科技作为第一生产力的作用，把经济发展建立在科技进步的基础上，提高科学技术在经济增长中的贡献率，促进科技成果更好地转化为现实生产力，提高产品的质量和竞争力；经济效益好，就是要实现经济增长方式从粗放型向集约型转变，提高资金投入产出率，优化资源配置，降低生产成本，提高劳动生产率；资源消耗低，就是要大力提高能源、原材料利用效率，减少资源占用与消耗，积极推进资源利用方式从粗放型向集约型转变，转变生产方式和消费方式；环境污染少，就是要高度重视生态环境问题，广泛推行清洁生产、文明生产方式，发展绿色产业、环保产业，加强环境和生态保护，使经济建设与生态环境建设相协调；人力资源优势得到充分发挥，就是要提高劳动者素质，同时又充分利用我国劳动力丰富、价格低廉的优势，并妥善处理好工业化过程中提高生产率与扩大就业的关系，不断增加就业。

---

①江泽民：《全面建设小康社会　开创中国特色社会主义事业新局面》，人民出版社，2002，第21页。

（二）中国特色新型工业化道路的特征与取得的成就

中国特色新兴工业化道路不同于发达国家走过的工业化道路。

第一，中国特色工业化道路是以信息化带动的工业化。发达国家都是在工业化之后推行信息化的，走的是一条循序渐进的道路。中国是一个后发展的国家，如果亦步亦趋，那样我们就永远也摘不掉落后的帽子。鉴于近些年来，信息化发展迅猛，我们完全可以在工业化的过程中推进信息化，以信息化带动工业化，以工业化促进信息化，从而发挥后发优势，实现生产力的跨越式发展。

第二，中国特色工业化道路是以科技进步为动力、以提高经济效益和竞争力为中心的工业化。工业革命以来，工业化之所以成为世界各国发展的大趋势，就是因为工业化可以大大提高劳动生产率，促进社会生产力加快发展。20世纪90年代以来，世界科技革命迅猛发展，高新技术特别是信息技术的广泛应用，推动着人类经济形态由工业经济向知识经济转变；经济全球化潮流势不可挡，国际竞争日趋激烈，这是发达国家在实现传统工业化过程中未曾遇到的。因此，我国要在新的历史条件下，在激烈的国际竞争中，实现我们的工业化，就必须充分发挥科学技术这一第一生产力的作用，着重依靠科技进步和提高劳动者素质，不断提高经济效益和竞争力。

第三，中国特色工业化道路是同实施可持续发展战略相结合的工业化。发达国家实现工业化大多数走的是一条以消耗能源、牺牲环境为代价，“先污染，后治理”的道路，代价是巨大的，我国改革开放以来在工业化过程中也曾有过惨痛的教训。新兴工业化道路就是吸取了发达国家和我国工业化的教训，在实现工业化的进程中，特别强调生态建设和环境保护，强调处理好经济发展与人口、资源、环境之间的关系。

第四，中国特色工业化道路是充分发挥我国人力资源优势的工业化。发达国家在实现工业化的过程中注重机械化和自动化，以严重失业为代价推进工业化进程。尽管从理论上讲工业化与扩大就业存在一定的客观矛盾，发达国家这一选择有一定的合理性，但这样的道路我们也不能走。“我们是社会主义国家，就业是民生之本，扩大就业，促进充分就业是社会主义共同富裕原则的重要体现。我们必须从我国人口多劳动力成本比较低的国情出发，扬长避短，在生产要素可以替代的范围，既注重技术对劳动的替代，提高生产的科技含量，又注重劳动对技术的替代，从而使我国的人力资源优势得到充分发挥，而以提高科技含量为最终发展趋势。”①

自十六大提出走新型工业化道路以来，我国的工业化建设取得了显著的成就。首先，我国的经济保持持续增长，经济实力跃上新台阶。根据十九大报告，“国内生产总值从五十四万亿元增长到八十万亿元，稳居世界第二，对世界经济增长贡献率超过百分之三十”②。我国经济能够保持迅速增长，工业化建设也作出了相应的贡献。从国家工业和信息化部的统计数据来看，2018年上半年消费品工业发展稳中有进，消费品工业增加值同比增长6.5%，其中，轻工（不含食品）、纺织、食品等行业分别增长5.4%、2.8%、6.9%，医药行业同比增长11%，烟草行业同比增长10.7%。其次，我国的工业发展效益保持增长态势。根据国家工业和信息化部统计，2018年上半年我国主营业务收入保持增长，其中消费品工业主营业务

①郑德荣等：《中国特色社会主义道路基本问题研究》，人民出版社，2012，第173页。

②习近平：《决胜全面建成小康社会　夺取新时代中国特色社会主义伟大胜利——在中国共产党第十九次全国代表大会上的报告》，人民出版社，2017，第3页。

收入150 733亿元，同比增长7.3%，实现利润总额9982.4亿元，同比增长7.5%。再次，我国的经济结构不断优化，产业结构更加合理，第三产业比重逐渐上升。“五年来，经济结构出现重大变革。消费贡献率由54.9%提高到58.8%，服务业比重从45.3%上升到51.6%，成为经济增长主动力。高技术制造业年均增长11.7%。”[①]

随着我国工业化的不断发展和变革，第三产业所占的比重逐年上升，第一、二产业比重有所下降，形成了较为合理的产业格局。大数据、“互联网+”、数字技术等应用到工业发展中，科技带动工业化发展，建立了以企业为主体、以市场为导向、产学研深度融合的技术创新体系，有力地推动了我国工业发展模式的变革和进步。再次，随着新型工业化建设的不断深入，我国的生态环境状况逐渐好转，工业对环境的污染和破坏程度减少。通过科技推动工业发展、对污染严重的工业企业进行改造转型等措施，我国的单位国内产值能耗、水耗有明显下降，主要污染物排放量大大降低，大气、水、土壤污染的防治工作取得明显成效。

（三）新时期走工业化道路的要求和发展措施

中国特色新型工业化道路是不同于传统工业化道路的全新道路，没有现成的经验可供借鉴，因此“如何走”就成为我国目前必须解决的紧迫问题。必须立足中国基本国情，以科学发展观为指导，进行科学合理的战略选择。新时期走工业化道路，要深入贯彻习近平总书记提出的“新发展理念”，将“创新、协调、绿色、开放、共享”五大发展理念融入工业化

①《政府工作报告——2018年3月5日第十三届全国人民代表大会第一次会议上》，人民出版社，第10页。

建设中。我国特色的新型工业化道路应该是一条科技含量高、创新能力强、资源消耗低、环境污染小的工业化道路，是一条工业化、信息化、城镇化、农业现代化“四化同步”的发展道路。要统筹处理好发展与环境保护的关系，“既要绿水青山，也要金山银山。宁要绿水青山，不要金山银山，而且绿水青山就是金山银山”。

2015年5月，国务院印发了《中国制造2025》，这是中国政府实施制造强国战略第一个十年的行动纲领。它坚持“创新驱动、质量为先、绿色发展、结构优化、人才为本”的基本方针，坚持“市场主导，政府引导，立足眼前，着眼长远，整体推进，重点突破，自主发展，开放合作”的基本原则，通过“三步走”实现制造强国的战略目标。它的出台，为中国特色新型工业化道路指明了方向。

一是加快产业结构调整，转变经济发展方式。转变经济发展方式就是促进经济增长由主要依靠投资、出口拉动向依靠消费、投资、出口协调拉动转变，由主要依靠第二产业带动向依靠第一、第二、第三产业协同带动转变，由主要依靠增加物质资源消耗向主要依靠科技进步、劳动者素质提高、管理创新转变。这是加快产业结构调整和升级，实现我国工业经济又好又快发展，尤其是解决我国资源环境问题的根本要求和根本途径。

二是建立资源节约型、环境友好型的工业发展模式。我国新型工业化要吸取传统工业化过程中的教训，决不走对自然资源进行破坏性开采，对环境实行“先污染、后治理”的老路，而要在经济发展中合理地开发资源，高效地利用资源，保护和治理环境，走一条资源消耗低、环境污染少的可持续发展的新路子。

三是加快发展高新技术产业，大力振兴装备制造业。围绕高新技术、重大装备、环境资源等重点领域，组织实施重大产业技术开发专项，突破技术瓶颈制约，开发并掌握一批关键、共性技术。今后工业发展的重中之重是提高装备制造业的创新能力和竞争能力，这也是解决我国整体制造业和国民经济竞争能力的关键环节。

四是找准切入点，推进工业化和信息化融合。信息化具有覆盖面广、渗透性强、带动效应明显的优势，要大力推进信息化与工业化融合。当前要从实际出发，找准切入点，加快研发设计、生产流程、经营管理、市场流通等领域的信息化建设，推进工业从生产型制造向服务型制造转变。

五是加快信息服务业发展。深化工业与信息化融合，将“互联网+”应用到工业化发展中，运用先进网络技术改变企业管理模式，实现智能管理和信息发展。

三、中国特色农业现代化道路

（一）走中国特色农业现代化道路的必要性和依据

2007年，胡锦涛在十七大上首次明确提出了“走中国特色农业现代化道路”。报告指出，“要加强农业基础地位，走中国特色农业现代化道路，建立以工促农、以城带乡长效机制，形成城乡经济社会发展一体化新格局”[①]，中国特色农业现代化道路成为五大中国特色社会主义道路之

①胡锦涛：《高举中国特色社会主义伟大旗帜，为夺取全面建设小康社会新胜利而奋斗》，《人民日报》2007年10月24日。

一。走中国特色农业现代化道路，是从我国农业基础薄弱，农村发展相对滞后的实际情况下提出的。关于中国特色农业现代化道路的内涵，可以理解为：“‘核心要义、基本要求、根本方法’三大内容有机结合的‘三位一体’理论体系。即走中国特色农业现代化道路，应在科学发展观的指导下，立足中国基本国情和具体农情，以我国特殊的人地矛盾、基本制度、区域状况和宏观背景为现实基础和逻辑起点，以实现农业的机械化、科技化、规模化、产业化和市场化为核心要义，以保障国家粮食安全、有效增加农民收入、促进农业可持续发展为基本要求，以利益协调为根本方法，促进城乡经济社会一体化新格局的形成。”①

农业在我国国民经济中处于基础地位，农业现代化关系到全面建成小康社会和现代化目标的实现。走中国特色农业现代化道路，就是遵循世界现代农业发展的一般规律，并从中国的具体国情出发，确定中国发展现代农业的主要目标、战略路径和具体措施。具体说，就是从工业化城市化快速发展、农户经营规模狭小、要素基础薄弱、区域与产业差异显著、大国效应突出的特殊背景出发，以保障农产品供给、增加农民收入、促进可持续发展为目标，以提高劳动生产率、资源产出率和产品商品率为途径，以现代科技和装备为支撑，在家庭承包经营的基础上，发挥市场机制和政府调控的作用，建成农工贸紧密衔接、产供销融为一体、多元化的产业形态和多功能的产业体系，推进我国农业又好又快发展，进入世界农业发展的先进行列。

走中国特色农业现代化道路是顺应世界农业发展普遍规律、立足我

①杨少垒、蒋永穆：《中国特色农业现代化道路的科学内涵》，《上海行政学院学报》2013年第1期。

国国情的必然选择，是统筹城乡发展、协调推进工业化和城镇化的必然要求，是建设社会主义新农村、促进农业可持续发展的必由之路。

第一，目前我国农业生产力水平不高，与发达国家相比还有很大差距。新中国成立以来特别是改革开放以来，我国农业有了较大发展，农业科技创新取得了很多成就，在某些方面走在世界前列，但是我国农业生产力水平总体较低，农业基础设施薄弱，物质装备落后，科技贡献率不高，经营方式比较粗放。实现农业现代化必须提高农业科技水平，通过增加资本投入、应用现代科技和装备、适度集中土地和强化组织管理等办法来提高农业效益。

第二，我国农业产业化经营规模小，市场化程度低。推进农业现代化必须健全农村市场和农业服务体系，不断提高农业组织化程度和集约化水平，建成农工贸紧密衔接、产加销融为一体、多元化的产业形态和多功能的产业体系。

第三，我国城乡分割的格局尚未打破，制约农业农村发展的体制性障碍尚未消除。我国农业和农村发展长期滞后，根本原因在于由城乡二元经济结构所派生的经济社会管理体制尚未打破，以及由此所导致的农村生产要素持续流失、对农业的资金技术支持明显不足的局面尚未改变，破解城乡二元经济结构任务艰巨。

第四，我国是世界上人口最多的发展中国家，粮食安全关系重大，解决好吃饭问题是头等大事。否则，工业化、城镇化乃至整个经济社会发展都将难以持续进行。多年来，我国农业在有限的条件下，解决了吃饭问题，但是粮食继续增长的困难进一步增大，对粮食的需求却日益增加，确保国家粮食安全将面临更大的压力。目前，许多发达国家的食品消费数量需求已经进入增长非常缓慢乃至停滞和下降的阶段。发达国家可以不强调增加农产品的数量，而我国却一定要高度重视农产品的有效供给，满足需求的不断增长。因此，必须把保障农产品供给、增加农民收入、促进可持续发展作为推进农业现代化的首要目标。

第五，我国农产品市场与国际融合日益加深，国内与国际市场的相互作用关系更复杂。随着经济全球化进程加快，我国农业与世界农业的联系日益密切，国际市场的变化通过多种方式影响国内市场，农业发展面临的内外环境日趋复杂。就进口方面而言，我国难以过度依赖国际市场。一方面，许多重要农产品的世界出口总量有限，与我国的需求相比只占一个很小的比例；而另一方面，我国的进口产品对世界市场价格影响巨大，凡是我国增加进口的产品，世界市场价格通常会大幅度上涨。就出口方面而言，我国难以通过大幅度增加出口来提高农民收入，除了少数沿海地区之外，绝大部分地区要依赖国内市场销售产品。由于以上几方面国情的特殊性，在发展现代农业的过程中，我国必然要走一条有特色的农业现代化道路。

（二）走中国特色农业现代化道路坚持的发展理念和方向

党的十九大报告指出，要加快推进农业农村现代化。新时期下，走中国特色农业现代化道路，要以“新发展理念”为指导，深入推进农业供给侧结构性改革，补齐短板，依靠科技进步走中国特色农业现代化道路。

走中国特色农业现代化道路，要坚持绿色发展理念，实施绿色发展。要以人与自然和谐共生作为价值取向，加强生态保护和环境治理。严守耕地保护红线，保护基本农田的规模；严守开发红线，限制城镇无限扩展侵占农业用地。要坚持生态优先，尊重、顺应自然规律，贯彻生态发展的理念，努力促进人与自然和谐共生，改善生态环境质量。

走中国特色农业现代化道路，要坚持循环发展理念，发展生态循环农业。发展生态循环农业，要坚持可持续与可循环的发展模式，进行特色田园乡村建设，对山水林田湖草进行保护和修复。坚持资源高效循环利用，重点把握农业用品的使用，如化肥、杀虫剂等，减少环境污染，运用科技技术，实现农药、化肥使用减量与产量增量同步发展。

走中国特色农业现代化道路，要坚持科技创新理念，发展科技农业。科学技术创新是农业发展的重要推动力，要坚持依靠农业科技创新推动发展的理念，积极增强创新和成果转化能力，促进农业生产现代化。

走中国特色农业现代化道路，要坚持构建现代农业产业体系、生产体系、经营体系。贯彻提高农业产业的整体竞争力的发展理念，促进农民持续增收。深入实施农业产业化经营，加快农产品精深加工，形成产业集群，提高农业全产业链效益；构建农业生产体系，要促进农业供给更好适应市场需求变化，更好适应资源与环境条件，实现可持续发展；要坚持最严格的耕地保护制度，坚守耕地红线，全面划定永久基本农田，实施“藏粮于地、藏粮于技”战略。

走中国特色农业现代化道路，坚持深化改革开放为发展动力。通过坚持“三权分置”改革，优化土地资源配置，进一步盘活农业农村的资源要素。要统筹利用国际国内两个市场、两种资源的优势，推进农产品结构优化升级，探索“走出去”的发展模式，实现农业外向型发展。

（三）新时期走中国特色农业现代化道路的战略措施

走中国特色农业现代化道路，要按照城乡经济社会发展一体化新格局发展要求，坚持工业反哺农业、城市支持农村和多予少取放活方针，创新体制机制，加强农业基础，增加农民收入，保障农民权益，促进农村和谐，充分调动广大农民的积极性、主动性、创造性，推动农村经济社会又好又快发展。

第一，坚持统筹城乡经济社会发展的基本方略，切实加强农业基础建设。抓住国家实施积极稳健财政政策的时机，大幅度增加对农村基础设施建设和社会事业发展的投入，大力推进农村文化惠民工程，巩固农村义务教育普及成果，巩固和发展新型农村合作医疗，加强县乡村医疗卫生公共服务体系建设。农村最低生活保障要做到应保尽保，并逐步提高低保标准和补助水平。对农村尚未解决温饱的贫困人口、低收入人口全面实施扶贫政策，帮助他们尽快解决温饱并实现脱贫致富。

第二，大力推进改革创新，深化“三权分置”改革，加强农村制度建设。以家庭承包经营为基础、统分结合的双层经营体制，是适应社会主义市场经济体制、符合农业生产特点的农村基本经营制度，是党的农村政策的基石，必须毫不动摇地坚持。在此基础上着力推进农业经营形式创新，支持农民发展各类专业合作组织，强化社会化服务，促进农业产业化经营。要鼓励适度规模的家庭农场发展；鼓励以家庭农场、家庭牧场组建产业联盟；鼓励不断提高农业组织化程度。规范农民合作社发展，支持农业社会化服务组织开展统测统配、统防统治等。创新农村金融体制，放宽农村金融准入政策，加快建立商业性金融、合作性金融、政策性金融相结合，资本充足、功能健全、服务完善、运行安全的农村金融体系。加大对农村金融政策支持力度，拓宽融资渠道，综合运用财税杠杆和货币政策工具，定向实行税收减免和费用补贴，引导更多信贷资金和社会资金投向农村。加快农业生产的模式创新，推动农牧配套、种养结合的生态循环发展模式。

第三，大力保障国家粮食安全和主要农产品供给，确保国家粮食安全。加快构建供给稳定、储备充足、调控有力、运转高效的粮食安全保障体系，以提高农业资源利用率、土地产出率、劳动生产率为“三大抓手”，提升农业的综合效益和增收能力。把发展粮食生产放在现代农业建设的首位，稳定播种面积，优化品种结构，提高单产水平，不断增强综合生产能力。坚持最严格的耕地保护制度，坚守耕地红线，划定永久基本农田。在保障国家粮食安全的基础上，实施“藏粮于地、藏粮于技”战略。

第四，转变农业农村经济发展方式，加快农业科技进步和创新，突破资源约束的瓶颈。把加快科技进步放到更为突出的位置，加强农业科技自主创新，促进农业科技成果转化和推广应用，大力提高农民吸纳和应用科技的能力，大力发展资源节约型、环境友好型的循环农业，不断提高农业的效益和竞争力。着力解决科研同生产脱节的问题，用科技创新引领农业产业发展，合理配置科研资源，将农业科技成果顺利转化为农业发展的有力推动力量。通过建立现代农业科技园、创业园进行农业科技研发，打造出各个农业发展区域的科技研发中心，为农业发展提供技术支持。疏通农业科技转化为生产力的渠道，通过培养科技特派员、建设科技服务超市、成立农业科技成果交易市场等方式，着力解决科研同生产脱节问题。

第五，坚持绿色发展，促进人与自然和谐共生。坚持绿色低碳循环发展的理念，发展生态循环农业。2018年中央一号文件指出：“坚持人与自然和谐共生。牢固树立和践行绿水青山就是金山银山的理念，落实节约优先、保护优先、自然恢复为主的方针，统筹山水林田湖草系统治理，严守生态保护红线，以绿色发展引领乡村振兴。”[①]要加快转变农业发展方式，改变粗放的资源利用方式，积极发展资源节约型、环境友好型农业，通过划定农业生产和发展空间，治理污染，推行河长制，治理黑臭水体，实施农村生态清洁小流域建设，推动乡村自然资本加快增值，实现百姓富、生态美的统一。

四、中国特色城镇化道路

（一）中国特色城镇化道路的探索历程和科学内涵

中国特色城镇化道路是数代中央领导集体根据不同时期的发展状况，在对中国城镇化道路积极探索和不断总结经验的基础上形成的。

以毛泽东为核心的第一代中央领导集体倡导工业化带动城镇化，强调城市型乡村和乡村型城市并存。十一届三中全会之后，以邓小平为核心的第二代中央领导集体，提出了以经济建设为中心，进行城乡改革、农村带动城市发展的城镇化思想。2002年11月，江泽民在十六大报告中指出，要全面繁荣农村经济，加快城镇化进程，并正式提出了要树立全面和正确的发展观，统筹城乡经济社会发展，发挥城市对农村的带动作用。以胡锦涛为总书记的党中央领导集体，提出要用科学发展观推动大中小城市和小城镇协调发展，走中国特色城镇化道路。他在十八大报告中指出，要“坚持

①《中共中央国务院关于实施乡村振兴战略的意见（2018年1月2日）》，《人民日报》2018年2月5日。

走中国特色新型工业化、信息化、城镇化、农业现代化道路，推动信息化和工业化深度融合、工业化和城镇化良性互动、城镇化和农业现代化相互协调”[①]，促进工业化、信息化、城镇化、农业现代化同步发展。

2012年12月，在中央经济工作会议上，党中央正式提出了“新型城镇化”的概念。十八大以来，党中央对深入推进城镇化建设作出了一系列重大决策部署，提出了要走中国特色新型城镇化道路，促进“工业化、信息化、城镇化、农业现代化同步发展”，为我国的新型城镇化建设指明了方向。十八届三中全会再次强调要走中国特色新型城镇化道路，会议通过的《中共中央关于全面深化改革若干重大问题的决定》指出：“坚持走中国特色新型城镇化道路，推进以人为核心的城镇化，推动大中小城市和小城镇协调发展、产业和城镇融合发展，促进城镇化和新农村建设协调推进。”[②]2013年12月，中央城镇化工作会议再次提出了进行城镇化建设的主要任务，并指出：“走中国特色、科学发展的新型城镇化道路，核心是以人为本，关键是提升质量，与工业化、信息化、农业现代化同步推进。”[③]2016年2月，习近平对深入推进新型城镇化建设作出重要指示：“新型城镇化建设一定要站在新起点、取得新进展。要坚持以创新、协调、绿色、开放、共享的发展理念为引领，以人的城镇化为核心，……要遵循科学规律，加强顶层设计，统筹推进相关配套改革，鼓励各地因地制宜、突出特色、大胆创新，积极引导社会资本参与，促进中国特色新型城镇化持续健康发展。”[④]

①《胡锦涛文选》（第三卷），人民出版社，2016，第628页。

②《十八大以来重要文献选编》（上），中央文献出版社，2014，第524页。

③《中央城镇化工作会议在北京举行》，《人民日报》2013年12月15日。

④《习近平对深入推进新型城镇化建设作出重要指示强调：坚持以创新、协调、绿色、开放、共享的发展理念为引领促进中国特色新型城镇化持续健康发展》，《人民日报》2016年2月24日。

十九大报告指出，我国的城镇化率年均提高1.2%，八千多万农业转移人口成为城镇居民。随着国家对城镇建设的不断努力，我国的城镇化建设取得显著成绩，党中央领导集体在中国特色城镇化道路的探索和实践中不断前进。

关于中国特色城镇化道路的内涵，从总体方向和基本原则上来看，是一条“土地集约利用、环境持续优化、工农良性互动、城乡统筹协调、规模有序扩张、布局逐步合理、功能逐步完善的道路”[①]，也是一条“中国共产党开辟的立足中国国情，注重经济、社会、生态协调发展，坚持以人为本、四化同步、优化布局、生态文明、文化传承为指导思想，追求共同富裕的新型城镇化道路”[②]。“中国特色城镇化道路，既不是欧美发达国家循序渐进城市化道路的中国翻版，又不是拉美发展中国家‘超前城市化’和‘滞后城市化’的中式改造，也不是我国之前通过户籍制度、‘价格剪刀差’等人为限制城镇化进程、规模和方向的传统城镇化道路的现实改良。”[③]

中国特色城镇化道路，是与其他国家发展模式不同的城镇化道路，是对我国原有的传统城镇化道路的改良和发展。与传统的城镇化道路相比，现今倡导的新型城镇化道路被赋予了新的理念和内涵。

首先，中国特色城镇化道路更加重视人的发展需求，强调“以人为本”。它围绕群众的需求，要求破除城乡“二元”结构，解决好农村人口进城的问题，更加注重城乡基本公共服务均等化，提升人民群众获得感和

①曹萍、龚勤林：《论中国特色城镇化道路及其推进机制》，《四川大学学报》2016年第6期。
②曹萍、龚勤林：《论中国特色城镇化道路及其推进机制》，《四川大学学报》2016年第6期。
③曹萍、龚勤林：《论中国特色城镇化道路及其推进机制》，《四川大学学报》2016年第6期。

幸福感。其次，更加注重节约资源。强调城镇化建设要向集约、节约土地等资源方向转变，要坚持集约发展、有序发展，根据资源环境承载能力合理确定城市发展规模。再次，更加注重协调发展。国务院总理李克强作出批示指出，“城镇化是现代化的必由之路，是我国最大的内需潜力和发展动能所在”①，强调了要树立“五大发展理念”，实现统筹发展。最后，更加注重城镇发展质量。中国特色城镇化建设强调要将地域特色等融入城镇化建设，摒弃“千城一面”、重外在轻内涵的发展模式，体现城镇文化底蕴和地方特色。

（二）走中国特色城镇化道路的必要性和依据

城镇化是一个国家现代化水平的重要标志，是实现现代化的战略切入点。走中国特色城镇化道路，就是按照统筹城乡、布局合理、节约土地、功能完善、以大带小的原则，促进大中小城市和小城镇协调发展，形成资源节约、环境友好、经济高效、社会和谐的城镇发展新格局。

我国正处在城镇化发展的关键时期。实施城镇化战略，加快城镇化进程，不仅是我国实现工业化和现代化必须跨越的历史阶段，也是解决目前以及今后经济社会发展诸多难题的关键。

第一，实施城镇化战略，是解决“三农”问题的重要举措。当前，在实现全面建成小康社会目标的进程中，农村面临的任务比城市要艰巨得多，我国的农业劳动生产率还比较低，农村生产力还很落后。人口绝大部分居住在农村，农民的生活水平明显低于城镇居民，农村产业结构要加快

①《习近平对深入推进新型城镇化建设作出重要指示强调：坚持以创新、协调、绿色、开放、共享的发展理念为引领促进中国特色新型城镇化持续健康发展》，《人民日报》2016年2月24日。

调整，要提高农业竞争力，提升农业产业化现代化水平，未来几十年将会有大量的农村富余劳动力需要向非农产业转移。实施城镇化战略，大力推进城镇化进程，将一部分农村人口转移到城市，有利于促进农业的规模化和集约化经营，提高农业劳动生产率，加快实现农业现代化。

第二，实施城镇化战略，是解决内需不足，促进国民经济快速增长的持久动力。内需不足已经成为制约目前、乃至今后若干年我国经济持续快速健康增长的首要因素。城乡二元结构的严重失衡和城镇化滞后，是导致内需不足的根本性原因。实施城镇化战略，将农村人口转为城镇人口，就能扩大消费需求。同时，推进城镇化发展进程，提高城镇化水平，就会拉动城市基础设施和住宅建设的投资需求的增长，从战略上为国民经济的持续快速增长提供持久和强大的动力源泉。

第三，实施城镇化战略，是实现可持续发展，提高全民素质的重要保证。推进城镇化，使农民变市民，有利于农村节约土地资源，提高耕地的利用效率。更为重要的是有利于其后代接受更好的教育，融入现代文明，从根本上改变其原有落后的人口意识和文化观念，有效地控制人口增长，提高生活水平和质量，并最终提高全民族的整体素质，实现人的全面自由的发展。

（三）新时期走中国特色城镇化道路的战略措施

走中国特色的城镇化道路，是21世纪初期我国经济社会发展的重大课题，是全面建成小康社会的必经之路，也是实现“两个一百年”目标和中华民族伟大复兴必须完成的历史任务。推进城镇化是一项系统工程，牵涉到改革、发展和稳定的方方面面。因此，我们必须立足于我国现阶段的基本国情，而不能照搬别国的城镇化发展模式。

第一，坚持保护环境和保护资源的基本国策，坚持城镇化发展与人口、资源、环境相协调，合理、集约利用土地、水等资源，切实保护好生态环境和历史文化环境，走可持续发展、集约式的城镇化道路。

第二，全面考虑经济社会发展水平、市场条件和社会的可承受程度，发挥市场对推进城镇化的重要作用，通过市场实现城镇化过程中各种资源的有效配置，吸引各类必需的生产要素向城镇集聚，同时发挥政府的宏观调控作用，加强和改善政府对城镇化的管理、引导、规范。

第三，坚持以工业化带动城镇化。城镇化与工业化密切相连。可以说，离开了城镇化，二、三产业就失去了发展空间和载体；离开了工业化，城镇化就会无的放矢，就会失去发展的动力。以工业化带动城镇化，在关注城镇化速度的同时，不能忽视城镇化的内在质量。

第四，坚持走多样化的城镇化道路，推进各级各类城镇协调发展，形成合理的城镇体系，提高城镇综合承载能力，发挥各级各类城市和小城镇在一定区域范围内的职能作用。

第五，要根据各地经济社会发展水平、区位特点、资源禀赋和环境基础，合理确定各地城镇化发展的目标，因地制宜地制定城镇化战略及相关政策措施，加强城市之间的经济联系和分工协作，实现城市以及地区优势互补和共同发展。

第六，要通过深化改革，研究制定适合我国国情、符合社会主义市场经济规律的政策措施和体制机制，营造城镇化发展的良好环境。

城镇化建设是一个长期的过程，要坚持以“人的城镇化”为核心，“要遵循科学规律，加强顶层设计，统筹推进相关配套改革，鼓励各地因地制宜、突出特色、大胆创新，积极引导社会资本参与”[①]。要认真对城镇土地开发、基础设施建设进行科学规划，根据城镇自然条件和发展状况制定发展计划，采用分步落实、循序渐进的方式进行，走好中国特色城镇化建设的每一步。

五、中国特色社会主义政治发展道路

（一）中国特色社会主义政治发展道路的内涵与特点

一个国家选择什么样的政治发展道路，不仅关系其民主政治建设的走向，而且关系其经济社会的发展和国家政权的稳固。在长期的革命、建设和改革开放事业中，中国共产党领导全国各族人民，坚持把马克思主义基本原理同中国具体实际和时代特征相结合，在发展社会主义民主政治、建设社会主义政治文明的实践中，走出了一条符合中国国情的中国特色社会主义政治发展道路。这就是以马克思列宁主义、毛泽东思想、邓小平理论、“三个代表”重要思想、科学发展观、习近平新时代中国特色社会主义思想为指导，坚持中国共产党的领导，坚持社会主义制度，坚持人民民主专政，实行由人民代表大会制度、中国共产党领导的多党合作和政治协商制度、民族区域自治制度以及基层群众自治制度构成的政治制度。核心是坚持党的领导、人民当家作主和依法治国的有机统一。

①《习近平对深入推进新型城镇化建设作出重要指示强调：坚持以创新、协调、绿色、开放、共享的发展理念为引领促进中国特色新型城镇化持续健康发展》，《人民日报》2016年2月24日。

从新中国成立开始，中国共产党立足于中国的国情，积极探索中国特色社会主义政治制度建设，走出了一条具有中国特色的社会主义政治发展道路。2002年5月，江泽民在中央党校讲话时首次提出了“中国特色社会主义政治发展道路”。十六大报告对中国特色社会主义政治发展道路的基本理论进行了系统阐述。在十七大报告中，胡锦涛对中国特色社会主义政治发展道路的内涵作了说明，“要坚持中国特色社会主义政治发展道路，坚持党的领导、人民当家作主、依法治国有机统一，坚持和完善人民代表大会制度、中国共产党领导的多党合作和政治协商制度、民族区域自治制度以及基层群众自治制度，不断推进社会主义政治制度自我完善和发展”[①]。十八大以来，以习近平为核心的中央领导集体，深入总结中国特色社会主义政治发展的经验，在对社会主义政治建设规律准确把握的基础上，提出了一系列有关中国特色社会主义政治建设的论述，形成了习近平新时代中国特色社会主义政治发展思想。这些思想丰富和发展了中国特色社会主义政治发展道路理论，增强了走中国特色社会主义政治发展道路的信心和决心，推进了社会主义政治制度的自我完善和发展，促进了国家治理体系和治理能力的现代化，有利于“两个一百年”奋斗目标和实现中华民族伟大复兴中国梦的实现。

“中国是一个发展中大国，坚持正确的政治发展道路是关系根本、关系全局的重大问题”[②]，走中国特色社会主义政治发展道路，首先需要坚持正确的方向。坚持“党的领导、人民当家作主、依法治国有机统一，继

①胡锦涛：《高举中国特色社会主义伟大旗帜　为夺取全面建设小康社会新胜利而奋斗——在中国共产党第十七次全国代表大会上的报告》，人民出版社，2007，第28页。

②习近平：《在庆祝全国人民代表大会成立60周年大会上的讲话》，人民出版社，2014，第14页。

续积极稳妥推进政治体制改革，坚持和完善人民代表大会制度、中国共产党领导的多党合作和政治协商制度、民族区域自治制度以及基层群众自治制度，巩固和发展最广泛的爱国统一战线，发展更加广泛、更加充分、更加健全的人民民主”①，这是进行社会主义政治建设必须坚持的方向。实践证明，“中国特色社会主义政治发展道路是符合中国国情、保证人民当家作主的正确道路”②，是“实现社会主义现代化、创造人民美好生活的必由之路”③，是被中国政治建设和发展实践证明了的正确选择。

中国特色社会主义政治发展道路，是坚持党的领导、人民当家作主与依法治国的统一。走中国特色社会主义政治发展道路，核心在于坚持党的领导。坚持党的领导，是中国最大的国情，是中国特色社会主义最本质的特征，是人民当家作主和依法治国的根本保证。我国的政治发展离不开中国共产党的领导，它是代表和反映人民整体利益的政党，是人民利益的根本维护者。实现人民当家作主是社会主义政治建设的根本目的，“人民民主是中国共产党始终高举的旗帜。在前进道路上，我们要坚定不移走中国特色社会主义政治发展道路，继续推进社会主义民主政治建设、发展社会主义政治文明”④。依法治国是党领导人民治理国家的基本方略，是人民权利的保障，任何组织和个人都不允许有超越宪法和法律的特权，无论是领导，还是人民，当家作主、行使民主权利，都必须在法制范围内进行，都必须严格依法办事。人民代表大会、共产党领导的多党合作和政治协

①《十八大以来重要文献选编》（上），中央文献出版社，2014，第463页。

②习近平：《习近平谈治国理政》（第二卷），外文出版社，2017，第288页。

③习近平：《决胜全面建成小康社会　夺取新时代中国特色社会主义伟大胜利——在中国共产党第十九次全国代表大会上的报告》，人民出版社，2017，第16页。

④《十八大以来重要文献选编（中）》，中央文献出版社，2016，第59页。

商、民族区域自治、基层群众自治等政治制度，构成了我国特色社会主义政治理论体系，指引我国在中国特色社会主义政治发展道路上不断前进。

（二）走中国特色社会主义政治发展道路的必要性和依据

走中国特色社会主义政治发展道路，是历史的必然选择和建设社会主义现代化国家的根本保证。

第一，走中国特色社会主义政治发展道路，是我国近现代历史发展的必然，是中国人民的郑重选择。在一百多年的近代历史中，各个阶级、阶层和社会势力，围绕中国由谁领导，走什么道路，在中国建立什么样的政治制度和政权组织形式，提出了种种主张，几乎对世界上出现过的各种主要政治发展模式都进行了尝试和选择。孙中山曾尝试照搬西方资本主义政治制度，袁世凯企图复辟封建王朝政治模式，蒋介石试图推行官僚资本主义政治体制，但都没能得到大多数中国人的拥护，都以失败告终。中国共产党成立后，在深刻总结历史经验和教训的基础上，把马克思主义与中国革命具体实践相结合，带领中国人民取得了民主革命的胜利，建立了新中国，确立了一条全新的中国特色政治发展道路。这些政治制度既适用于我国的基本国情，又同中华民族的历史、民族特点和文化传统相承接，充分体现全国各族人民的根本意愿和根本利益。走中国特色政治发展道路是历史的选择，人民的选择。

第二，中国特色社会主义政治发展道路符合我国现实国情，是把我国建设成为富强、民主、文明、和谐、美丽的社会主义现代化国家的根本保证。十九大报告指出，我国现在面临着人民日益增长的美好生活需要和不平衡不充分的发展之间的矛盾，这就要求中国必须有能力在全国范围内强有力地调配资源，进行最为广泛的社会动员，集中力量办大事。特别是目前，我国正处于社会主义现代化建设和中华民族伟大复兴的关键阶段，也处于发展的战略机遇期和社会矛盾的凸显期。经济、政治、文化和社会发展面临复杂的任务和环境，呈现出新的特点，在一个有13亿人口的多民族发展中大国，人民利益的广泛性和实现人民利益的艰巨性，也要求有一个代表最广大人民根本利益的政治核心，来领导人民掌握和使用好国家权力，正确处理各种社会矛盾。中国特色政治发展道路能够正确把握中国社会发展的客观条件和要求，正确把握中国人民的根本利益，发挥强有力的领导能力和组织能力，能够凝聚全国各族人民意志和共同的理想追求，形成共同团结奋斗的坚实思想基础；能够有力地保障人民当家作主的政治地位，保证人民依法享有广泛的权利和自由；能够最大限度发挥全国各族人民的积极性、主动性和创造性，集中力量办大事；能够引导社会成员合法、理性地表达诉求，释缓社会矛盾，化解消极因素和不稳定因素；切实维护国家统一、民族团结和社会和谐，巩固和发展民主团结、生动活泼、安定和谐的政治局面。实践证明，中国特色政治发展道路是一条充满活力的政治发展道路，是保证我国走向富强、民主、文明、和谐、美丽的唯一正确的政治选择。

建设社会主义政治文明必须从我国国情出发，坚持走自己的路，绝不能照搬西方政治制度的模式。一个国家的政治发展道路总是同一定的经济基础、阶级利益和社会历史条件相关联的。由于历史文化传统和国情不同，我们实行的是社会主义制度，国体和政体与资本主义国家有本质的不同。无论在任何时间、任何条件下，我们都要坚持从我国国情出发，坚持走中国特色的政治发展道路，不能搞西方的三权分立和多党制。三权分立，是西方资本主义国家的基本政治制度，主要内容是立法权、行政权和司法权相互独立、互相制衡。三权分立是同资本主义经济和政治特征相适应的基本政治制度，是资产阶级内部不同利益集团的利益关系斗争的产物。它并不是像西方政治家和思想家所宣传的那样是一种抽象的、超越社会制度的甚至是唯一的民主模式。作为一种政治制度，三权分立的严重弊病在于，它使相当一部分权力在相互牵制中抵消，常常是议而不决、决而不行，以致造成大量的人力、物力、财力和时间的浪费。西方三权分立制度不适合我国国情。

第一，我国不存在三权分立制的经济基础。我国以公有制为主体的所有制关系决定了劳动者之间的根本利益是一致的，他们之间不存在资本主义社会私有者之间那种深刻的利益对抗关系。

第二，我国不存在实行三权分立的历史前提。我国近代历史上曾有过实行议会制的尝试，但由于缺乏实行议会制的社会基础，最终以失败告终。我国的人民代表大会制度、共产党领导的多党合作和政治协商制度等具有中国特色社会主义民主政治制度，是我们党领导人民进行长期革命斗争的产物，是人民群众的历史选择。如果放弃了这些行之有效的政治制度，实行三权分立和多党制，必然动摇我国社会主义民主政治制度的根基，动摇人民当家作主的政治地位。

第三，我国人民代表大会制度实行的是民主集中原则。它既能充分体现广泛的人民民主又能保证人民意志和国家权力的统一，保证了决策的效率。历史和现实都表明，人民代表大会制度，是符合中国国情具有中国特色的能够保证人民群众当家作主，有效管理国家和社会的根本政治制度，能够避免三权分立制度议行脱节、分而不立、互相掣肘的种种弊端。

中国的人民代表大会制度、中国共产党领导的多党合作和政治协商制度、民族区域自治制度以及基层群众自治制度等，在运行中既能够反映人民群众中不同群体的意见和呼声，又能够从全局出发将人民群众的各种意见集中综合起来，使国家的法律与政策能够兼顾各方利益，妥善化解人民内部矛盾。

（三）新时期走中国特色社会主义政治发展道路的战略措施

改革开放40年来，我国的政治体制改革稳步推进，对中国特色社会主义政治发展格局的形成与完善发挥了重要促进作用，但是我们也应该清醒地看到，政治改革的任务远没有完成。社会主义市场经济改革的进一步推进，公平和民生问题的进一步凸显，人民群众政治参与积极性的进一步增强，都迫切要求进一步加快我国政治体制改革的步伐，以进一步消除民主政治发展的体制性障碍。

一要始终立足于我国的基本国情。中国是一个拥有13亿人口的发展中大国，目前我们正处在全面建成小康社会的关键时期，改革过程中的深层矛盾和问题日益凸现，人民参与政治和管理国家经济社会事物的积极性不断提升。发展社会主义民主政治、建设社会主义政治文明，既要遵循现代民主政治发展的一般规律，又要充分顾及我国现阶段的基本国情和经济社会发展的特殊需要，既不能妄自菲薄，又不能妄自尊大；也不能脱离实际、急于求成，而要坚持从实际出发，循序渐进，稳步推进，使中国特色政治发展道路永葆生机与活力。

二要在党的领导下有步骤地推进政治体制改革。中国特色社会主义民主政治，是在自我改革中不断走向自我完善的过程，要与进一步深化社会主义市场经济改革相适应，着重从行政管理的层面消除市场经济发展的体制性障碍；要与进一步实现科学发展、和谐发展相适应，着重从社会管理的层面消除影响社会公平发展、和谐发展的体制性障碍；要与进一步推进经济民主、政治民主、文化民主和社会民主相适应，着重从民主运行机制的层面消除影响大众政治参与的体制性障碍；要与进一步加强党风廉政建设相适应，着重从权力监督与制约的层面，进一步消除产生腐败的体制因素。

三要吸收和借鉴人类社会一切政治文明的有益成果。历史表明，多样文化文明的并存、交汇和融合，促进了人类的发展和进步。政治发展的脚步也是在相互作用和影响的过程中向前迈进的。中国特色社会主义政治发展道路是中国共产党按照马克思主义民主政治发展的基本原理，结合中国的具体实际创立的，是在吸收和借鉴其他政治文明成果的过程中不断发展和完善的。在世界多极化、经济全球化、社会信息化进程不断加快的新形势下，不同政治文明相互影响日益加深。在这样的时代背景下，要以更加开放的胸襟，借鉴人类政治文明的有益成果，使中国特色社会主义政治发展道路更好地体现时代精神，体现世界民主政治发展潮流。

总之，中国特色社会主义政治发展道路，既立足于本国国情，又放眼世界，科学把握了时代脉搏和发展潮流，体现了鲜明的民族性、时代性和科学性的有机统一。它既是中国特色社会主义事业在政治发展布局中的具体体现和反映，又是中国特色社会主义道路的框架和支撑。党的十九大将习近平新时代中国特色社会主义思想确立为我们党必须长期坚持的指导思想，丰富和发展了中国特色社会主义政治理论，对新时代坚持和发展什么样的中国特色社会主义、怎样坚持和发展中国特色社会主义作出了科学回答。新时代中国特色社会主义政治发展道路，将为新时期坚持和发展中国特色社会主义提供科学的理论指引和发展力量。

第四章
落实中国特色社会主义发展战略的基本要求

中国特色社会主义发展战略重在落实，它从宏观重大的方面提出了一系列明确要求，即：必须坚持社会主义初级阶段基本路线，必须继续深化改革和扩大开放，必须恪守解放思想、实事求是、与时俱进、求真务实的精神品质，必须进一步加强和改进党的建设。

一、必须坚持社会主义初级阶段基本路线

（一）社会主义初级阶段基本路线的形成过程和科学内涵

十一届三中全会召开以后，党的工作重心逐渐转移到经济建设上来，邓小平开始对国情进行深刻分析，作出了我国还处在社会主义初级阶段的科学判断，领导制定了党在社会主义初级阶段的基本路线。1979年3月，邓小平指出我们要走一条适合中国国情的现代化道路，他说："过去搞民主革命，要适合中国情况，走毛泽东同志开辟的农村包围城市的道路。

现在搞建设，也要适合中国情况，走出一条中国式的现代化道路。”[①]随后，在1980年4月总结新中国成立30年经验时，他指出了我们要明确好我国所处的阶段，“不要离开现实和超越阶段采取一些‘左’的办法，这样是搞不成社会主义的”[②]。1981年6月，党的十一届六中全会通过了《关于建国以来党的若干历史问题的决议》，首次指出了“我们的社会主义制度还是处于初级的阶段”。1987年，在党的十三大召开前夕，邓小平指出：“我们党的十三大要阐述中国社会主义是处在一个什么阶段，就是处在初级阶段，是初级阶段的社会主义。社会主义本身是共产主义的初级阶段，而我们中国又处在社会主义的初级阶段，就是不发达的阶段。一切都要从这个实际出发，根据这个实际来制定规划。”

1987年10月，党的十三大召开，邓小平在会上作了题为《沿着有中国特色的社会主义道路前进》的工作报告，提出了党在社会主义初级阶段的基本路线，即“领导和团结全国各族人民，以经济建设为中心，坚持四项基本原则，坚持改革开放，自力更生，艰苦创业，为把我国建设成为富强、民主、文明的社会主义现代化国家而奋斗”[③]。十三大第一次比较系统地阐述了关于社会主义初级阶段的理论，概括了党在社会主义初级阶段的基本路线，并指出我国目前正处在社会主义的初级阶段。这个论断有两层含义：一是我国社会已经是社会主义社会，我们必须坚持并且不能离开；二是我国的社会主义还处在初级阶段，我们的一切工作都必须从这个实际出发，而不能超越这个阶段。随后，在十五大会议上，江泽民对社会

---

①《邓小平文选》（第二卷），人民出版社，1994，第163页。

②《邓小平文选》（第二卷），人民出版社，1994，第312页。

③《论党的建设》，中央文献出版社，2001，第311页。

主义初级阶段和初级阶段怎样建设社会主义作了深刻的阐述。同时，会议提出了党在社会主义初级阶段的基本纲领，即建设有中国特色社会主义的经济、政治、文化的基本目标、基本政策。

2007年10月，党的第十七次全国代表大会召开，会上提出了深入贯彻落实科学发展观的要求。科学发展观，是在立足社会主义初级阶段基本国情，总结我国发展实践经验，适应新的发展要求下提出的。会议指出，要始终坚持“一个中心、两个基本点”的基本路线，基本路线是党和国家的生命线。十七大报告强调:“中国特色社会主义道路，就是在中国共产党领导下，立足基本国情，以经济建设为中心，坚持四项基本原则，坚持改革开放，解放和发展社会生产力，巩固和完善社会主义制度，建设社会主义市场经济、社会主义民主政治、社会主义先进文化、社会主义和谐社会，建设富强民主文明和谐的社会主义现代化国家。”①中国特色社会主义道路的内涵极其丰富，但其最主要的方面包括总任务、总目标、总方针、总政策以及主体内容等，而这些都浓缩在党的基本路线之中，党的基本路线是中国特色社会主义道路的核心和总纲。

2017年10月，党的十九大召开，十九大报告重申了要坚持党的基本路线不动摇这个发展要求，并将“美丽”一词添至社会主义初级阶段基本路线的内涵中，即“全党要牢牢把握社会主义初级阶段这个基本国情，牢牢立足社会主义初级阶段这个最大实际，牢牢坚持党的基本路线这个党和国家的生命线、人民的幸福线，领导和团结全国各族人民，以经济建设为中心，坚持四项基本原则，坚持改革开放，自力更生，艰苦创业，为把我国

---

①《中国共产党第十七次全国代表大会文件汇编》，人民出版社，2007，第11页。

建设成为富强民主文明和谐美丽的社会主义现代化强国而奋斗”[①]。十八大以来，党和国家将基本路线提升为党和国家的生命线、人民的幸福线，进一步肯定了社会主义初级阶段基本路线在中国特色社会主义建设事业中的重要地位和重大作用。坚持党在社会主义初级阶段的基本路线不动摇，是实现“两个一百年”奋斗目标和中华民族伟大复兴的必由之路。

（二）坚持社会主义初级阶段基本路线的原因

一是基本路线规定了中国特色社会主义道路的总任务，即以经济建设为中心，解放和发展生产力。以经济建设为中心是党的基本路线的主体内容，也是中国特色社会主义道路的根本任务。

二是基本路线规定了中国特色社会主义道路的主体内容和基本框架。中国特色社会主义经济建设、政治建设、文化建设、社会建设、生态建设“五位一体”的总体布局是中国特色社会主义道路的主体内容和基本框架，它也是党的基本路线的展开和具体化。党的基本路线是社会主义建设的总纲领，是制定社会主义建设各方面具体纲领和方针政策的根本依据和必须遵循的原则。它对中国特色社会主义道路的指导作用主要体现在以基本路线为指导制定的社会主义初级阶段的经济、政治、文化和社会、生态纲领上。这五大基本纲领既是党的基本路线在经济、政治、文化、社会、生态等领域的具体化和展开，也是中国特色社会主义道路的总体布局和基本内容。中国特色社会主义道路的科学内涵以及丰富实践就是紧紧围绕党的基本路线和基本纲领展开的。

①习近平：《决胜全面建成小康社会　夺取新时代中国特色社会主义伟大胜利——在中国共产党第十九次全国代表大会上的报告》，人民出版社，2017，第12页。

三是基本路线规定了中国特色社会主义道路的宏伟目标，即建设富强、民主、文明、和谐、美丽的社会主义现代化强国。党的基本路线中关于我国社会主义现代化建设的奋斗目标最初的定位是富强、民主、文明三个方面，随着对社会主义认识的深入，党的十七大上增加了和谐内涵，把社会主义现代化奋斗目标发展为富强、民主、文明、和谐四位一体，而在十九大报告中，又增加了美丽的内涵，从而使中国特色社会主义建设目标更加全面。

四是基本路线规定了中国特色社会主义道路完成中心任务和实现奋斗目标的根本手段与政治保证，即坚持四项基本原则，坚持改革开放。坚持四项基本原则，坚持改革开放是党的基本路线的两个基本点，也是实现解放和发展生产力，建设富强、民主、文明、和谐、美丽的社会主义现代化国家的根本保证。四项基本原则和改革开放这两个基本点互相贯通、互相依存，统一于发展中国特色社会主义的伟大实践之中。

五是基本路线规定了实现中心任务和奋斗目标、搞好改革开放的领导力量和依靠力量，这就是在中国共产党领导下，团结全国各族人民来完成这个伟大任务。中国共产党的领导是坚持和发展中国特色社会主义道路的领导核心和根本保证，全国各族人民是中国特色社会主义道路的主体和依靠力量。总之，党的基本路线是中国特色社会主义道路的核心和总纲，是发展中国特色社会主义的根本原则，中国特色社会主义道路的内容和领域不论怎样扩展，都始终离不开党的基本路线这个核心和总纲。

（三）新时期进行中国特色社会主义建设必须始终坚持基本路线

首先，我国现阶段的基本国情决定我国进行社会主义建设必须坚持基本路线。党的十九大报告指出：“我国仍处于并将长期处于社会主义初级阶段的基本国情没有变，我国是世界最大发展中国家的国际地位没有变。”[①]目前，我国的主要矛盾虽然已经由“人民群众日益增长的物质文化需要同落后的社会生产力之间的矛盾”转化为“人民日益增长的美好生活需要和不平衡不充分的发展之间的矛盾”，但我国仍处在社会主义社会的初级阶段，解放和发展生产力仍是建设中国特色社会主义的第一要务。发展就要首先发展经济，经济实力增强了，人民的生活才能得到不断改善、国家才能长治久安、“两个一百年”奋斗目标才能顺利实现。坚持改革开放，才能为发展注入新的动力；坚持四项基本原则，是我们党和国家生存发展的基石。在社会主义建设中，必须要坚持以经济建设为中心，坚持四项基本原则和改革开放。基本路线是从我国的基本国情出发，是科学筹划的结果，必须坚持下去。

其次，基本路线为我国的社会主义建设提供了指导思想和发展方向。社会主义初级阶段的“一个中心，两个基本点”，强调以经济建设为中心，要坚持以人民为中心的发展思想，统筹推进“五位一体”的总体布局和“四个全面”的战略布局。发展是执政兴国的第一要务，需要聚精会神搞建设、一心一意谋发展，不断转变经济发展方式，更加注重发展的质量和效益，实现科学发展、和谐发展、全面发展。改革开放四十年来，我国取得了巨大的成绩，一跃成为世界第二大经济体，这离不开社会主义初级阶段理论的支持。

最后，偏离基本路线将会阻碍社会主义建设，造成损失。历史证明，偏离社会主义初级阶段这个发展阶段谈发展，我们的发展将会遭受阻碍。十六大强调：“无论遇到什么困难和风险，都必须坚持党的基本理论、基

①习近平：《决胜全面建成小康社会　夺取新时代中国特色社会主义伟大胜利——在中国共产党第十九次全国代表大会上的报告》，人民出版社，2017，第12页。

本路线和基本纲领不动摇。”[①]“对社会主义发展阶段的认识是关系社会主义建设的重大路线问题，建设社会主义不能超越历史阶段，不能急于求成。”[②]正是因为党和政府对现实国情进行了正确分析，准确判断出我国处于的发展阶段，我国的现代化建设才能不断获得巨大成就。

二、必须继续深化改革和扩大开放

（一）深化改革、扩大开放理论的内涵不断丰富

中国改革开放的总设计师邓小平最早提出了改革开放的战略思路，认为改革是一场新的伟大革命，开放是走出封闭半封闭状态走向繁荣富强的关键抉择。党的十一届三中全会召开以来，党以巨大的政治勇气，锐意推进各个方面的制度和体制改革，不断扩大开放，取得了显著的成就。我国的改革开放经历了一个由点到面、不断深化的过程，也是一个由实践到认识、再实践、再认识的过程。不断探索和发展关于深化改革和扩大开放的理论，是新时代推进中国特色社会主义伟大事业发展的本质要求。改革开放多年来，中国发生了翻天覆地的变化，实践证明，改革开放是强国之路。进入新世纪，中国的改革开放也进入了一个新的历史时期。它非但没有停止，反而是进入攻坚战阶段，到了破茧成蝶的最艰难的一刻。我们要

①江泽民：《全面建设小康社会　开创中国特色社会主义事业新局面》，《人民日报》2002年11月18日。

②李育书：《为什么要坚持社会主义初级阶段理论不动摇》，《学习时报》2018年7月4日。

紧紧抓住战略机遇期，从深化改革、扩大开放入手，从改革开放中寻找推进科学发展的动力。随着改革开放的进一步深化，一些深层次的矛盾日益显露，成为制约新一轮改革开放的重大因素。针对社会发展中出现的新问题新趋向，新世纪新阶段的改革开放也有了相应的新内容：改革要更加注重对社会利益关系的调整和统筹，更加注重体制创新和制度建设，更加注重经济社会与人的全面发展；开放要更加注重全方位、多层次、宽领域的开放，更加注重提高对外开放的水平。

党的十八大提出了全面深化改革开放的目标，要求深化重要领域改革，推动各方面制度更加完善。十八大以来，以习近平为核心的党中央领导集体，充分肯定了改革开放在当代中国发展中的历史地位和重大意义，围绕为什么要进一步全面深化改革开放、怎么全面深化改革开放等问题进行了积极有效的探索，丰富了中国特色社会主义改革开放理论，有力地推动了全面深化改革开放。

习近平总书记在 2013 年发表的《全面贯彻落实党的十八大精神要突出抓好六个方面工作》指出了深化改革开放的重要性和实施方法，“改革开放是党在新的历史条件下领导人民进行的新的伟大革命，是决定当代中国命运的关键抉择。中国特色社会主义之所以具有蓬勃生命力，就在于是实行改革开放的社会主义。我国过去三十多年的快速发展靠的是改革开放，我国未来发展也必须坚定不移依靠改革开放。只有改革开放才能发展中国、发展社会主义、发展马克思主义。中国特色社会主义在改革开放中产生，也必将在改革开放中发展壮大”①。随着改革的深入，发展积累了一些深层

①习近平：《全面贯彻落实党的十八大精神要突出抓好六个方面工作》，《求是》2013年第1期。

次的问题，习近平从历史经验和现实需要的高度出发，把深化改革、扩大开放摆在发展重要的战略位置，提出了一系列的新观点和新论断，我国进入了全面深化改革开放的新时期。2013年11月，党的十八届三中全会召开，会议通过了《中共中央关于全面深化改革若干重大问题的决定》，拉开了全面深化改革、扩大开放的序幕，中国进入了深化改革和扩大开放的新的发展阶段。《中共中央关于全面深化改革若干重大问题的决定》明确了全面深化改革的五大体制改革要点，改革要点涉及经济体制、政治体制、文化体制、社会体制、生态文明体制等方面。

党的十九大报告指出，要"坚持全面深化改革，只有社会主义才能救中国，只有改革开放才能发展中国、发展社会主义、发展马克思主义"[①]。新时期，全面深化改革、扩大开放要站在新的、更高的起点，坚持以人民为中心，突出问题导向，深化各个方面的改革，敢于破旧立新、攻坚克难，将改革进行到底。

（二）深化改革和扩大开放的必要性

首先，全面深化改革、扩大开放是实现"两个一百年"奋斗目标和中华民族伟大复兴的必由之路。习近平指出："改革开放是决定当代中国命运的关键一招，也是决定实现'两个一百年'奋斗目标、实现中华民族伟大复兴的关键一招，实践发展永无止境，解放思想永无止境，改革开放也永无止境，停顿和倒退没有出路，改革开放只有进行时、没有完成时。"[②]

①习近平：《决胜全面建成小康社会　夺取新时代中国特色社会主义伟大胜利——在中国共产党第十九次全国代表大会上的报告》，人民出版社，2017，第21页。

②习近平：《关于〈中共中央关于全面深化改革若干重大问题的决定〉的说明》，《人民日报》2013年11月16日。

中国共产党一直致力于领导全国人民实现国家独立、民族解放、人民幸福，经过长期不懈的奋斗，建立了社会主义制度，取得了杰出的发展成就。这些成就的取得，离不开实行改革开放这一伟大举措，将中国带入了发展的新时期。改革是一场革命，是推动社会发展的内在动力，是解决所有问题的关键。我国改革开放的经验证明，只有正确处理好改革发展和社会稳定的关系，把握好改革的力度、角度，开放的程度、广度，才能真正实现我国经济社会的可持续发展。新时期，以习近平为核心的党中央领导集体审时度势，作出了一系列全面深化改革、扩大开放的建议和主张，体现了党和国家进行深化改革、扩大开放的信心和决心，对于破除发展中障碍、实现“两个一百年”奋斗目标和中华民族伟大复兴具有重大意义。

其次，全面深化改革、扩大开放是适应形势变化的需要。中国目前已进入了改革的深水区，面临的改革领域更加广泛，改革的对象更加多元，改革涉及的利益更加敏感，改革的任务更加艰巨。面对改革进入攻坚期和深水区，需要更高水平的决策、更系统的改革筹划，以及各方的共同努力。当前，国内外环境发生了深刻的变化，我国正处在十分重要的发展时期，需要通过全面深化改革、扩大开放的方式破解深层体制的弊端和利益固化的障碍，为中国特色社会主义事业发展扫清前进的阻碍。

再次，全面深化改革、扩大开放是完善和发展中国特色社会主义理论体系的需要。理论的产生源于实践，理论的发展也需要有实践作支撑，中国特色社会主义理论体系的形成和发展都是在实践的基础上进行的，是对改革开放和经济社会发展实践深入总结和系统提炼的结果。以邓小平为核心的领导集体，总结改革开放和社会主义建设的实践经验，提出了一系列关于社会主义发展的理论，促进了中国特色社会主义理论体系的形成。以江泽民为核心的领导集体，继续深入推进改革和开放，积累了一系列的宝贵经验，提出了“三个代表”重要思想，丰富和发展了中国特色社会主义理论体系。以胡锦涛为总书记的领导集体，深刻总结改革开放以来的实践经验，特别是全面建设小康社会的宝贵经验，提出了科学发展观，进一步充实了中国特色社会主义理论体系。十八大以来，以习近平为核心的中央领导集体，以壮士断腕的勇气和决心，全面深化改革、扩大开放，在重要领域和关键环节改革取得了突破性进展，解决了一些多年来想解决但一直没有很好解决的问题。通过实施“一带一路”等措施，不断加强与国外的沟通和交流，为我国的发展注入了新的动力。丰富的实践经验促进了理论的发展，习近平新时代中国特色社会主义思想是马克思主义理论与中国实践相结合而产生的又一重大思想成果，极大地丰富了中国特色社会主义理论体系的内涵。

（三）新时代必须继续深化改革和扩大开放

2017年10月18日，习近平在十九大报告中指出：“必须坚持和完善中国特色社会主义制度，不断推进国家治理体系和治理能力现代化，坚决破除一切不合时宜的思想观念和体制机制弊端，突破利益固化的藩篱，吸收人类文明有益成果，构建系统完备、科学规范、运行有效的制度体系，充分发挥我国社会主义制度优越性。”[①]深化改革开放必须突出强调“以人为本”“效益至上”。改革目标不仅是解放生产力发展生产力，更重要的是实现人的解放与人的全面发展。以人为本的改革观，就是改革要体现对

①习近平：《决胜全面建成小康社会　夺取新时代中国特色社会主义伟大胜利——在中国共产党第十九次全国代表大会上的报告》，人民出版社，2017，第21页。

人的关怀，以实现经济社会和人的全面发展。继续全面深化改革也要做好政治体制、经济体制、文化体制、社会管理体制、生态体制的改革，要抓改革重点。

经济体制改革是深化改革的重点，需要处理好政府和市场的关系。通过市场在资源配置中的决定作用，转变政府职能，建设法治政府和服务型政府，增强经济发展的活力，充分发挥市场配置资源的作用，调动一切劳动、知识、技术、管理、资本的活力，让一切创造社会财富的源泉充分涌流。

政治体制改革是全面深化改革的重要组成部分，十八届三中全会指出，要“紧紧围绕坚持党的领导、人民当家作主、依法治国有机统一深化政治体制改革，加快推进社会主义民主政治制度化、规范化、程序化，建设社会主义法治国家，发展更加广泛、更加充分、更加健全的人民民主”[1]。政治体制改革，要重点解决好公共权力配置和使用的问题，解决好各级领导干部手中权力的来源、运作、制约、归宿，要注重在两个方面发力：一是推进政企分开、政事分开、政资分开、政社分开，简政放权；二是政府做好宏观调控、市场监管、社会管理、公共服务、环境保护等职责。

文化体制方面的改革，要处理好“共性与个性”关系，不断创造有益于丰富人民精神生活的文化产品，满足人民日益增长的精神文化需要；不断增强文化软实力和文化竞争力，积极吸取国内外优秀文化精髓，实现文化繁荣。

社会管理体制改革，要不断改进社会治理方式，激发社会组织活力，通过发挥和依靠多元社会力量治理社会，实行“共治”，实现政府由管理

①《中共中央关于全面深化改革若干重大问题的决定》，人民出版社，2013，第4页。

型向服务型转变。

生态体制改革，要处理好人与自然的关系，建立生态文明制度，形成人与自然和谐发展的社会主义现代化建设新格局。十八届三中全会通过的《中共中央关于全面深化改革若干重大问题的决定》指出："建设生态文明，必须建立系统完整的生态文明制度体系，实行最严格的源头保护制度、损害赔偿制度、责任追究制度，完善环境治理和生态修复制度，用制度保护生态环境。"①

对外开放立足我国经济的快速发展和开放程度不断扩大，与各国经济联系继续加深，贸易摩擦增多、对外投资阻力加大等一些新的现象不断出现的实际情况，要求我们必须适应经济全球化趋势的新发展，以更加积极的姿态走向世界，更好地实施"引进来"和"走出去"同时并举、相互促进的开放战略，努力在"走出去"方面取得明显进展，更好地利用国际国内两个市场、两种资源，在激烈的国际竞争中掌握主动权，不断提高对外开放水平。

2018年是改革开放40周年，中国将继续扩大开放，走开放融通、互利共赢的发展之路。目前中国的对外开放面临着新的形势："一是引领世界经济走出低谷的新旧动能转换仍有待推进。二是全球化波折及不平衡发展的问题突出，经济全球化遭遇了新的挑战。三是世界格局调整引发全球治理体系变革的诉求加大。"②面对新形势，中国采取了创办亚洲基础设施投资银行、倡导"一带一路"合作、举办二十国集团领导人峰会等措施，倡导开放、包容、普惠、平衡、共赢等理念，推动形成全面开放的

①《中共中央关于全面深化改革若干重大问题的决定》，人民出版社，2013，第52页。

②《继续扩大开放　实现合作共赢》，《经济日报》2018年8月23日。

新格局。继续扩大开放，既要不断扩大开放范围、开放领域、开放层次，又要创新开放方式、优化开放格局、提升开放质量。要坚持采取“引进来”“走出去”相结合的方式，加快自贸试验区建设，推进“一带一路”国际合作深入发展，推动构建人类命运共同体，不断增强发展的实力。要转变对外贸易增长方式，提高对外贸易效益；提高利用外资水平，加强对外资的产业和区域投向引导，促进国内产业优化升级；提高防范和化解各种风险的能力，切实维护国家各种安全。

三、必须不断解放思想以适当调整发展策略和方向

（一）解放思想是党的思想路线的本质要求

改革开放40年来，我们党在理论上的每一个重大突破，在体制上的每一个重大创新，在战略上的每一个重大调整，在实践上的每一步重大发展，都是在不断解放思想中取得的。没有解放思想，就没有改革开放和社会主义现代化建设的伟大成就，就没有中国特色社会主义的不断发展。改革开放40年的历程，是不断解放思想、与时俱进的过程；坚持和发展中国特色社会主义，是不断解放思想、调整发展理念和战略的过程。解放思想、实事求是、与时俱进、求真务实承载着马克思主义中国化的历史使命。“党的十八大以来，在以习近平同志为核心的党中央坚强领导下，我们进一步解放思想、锐意改革、开拓创新，中国特色社会主义进入了新时代。……习近平新时代中国特色社会主义思想既是解放思想的结果，又

是进一步解放思想的指南。”[①]习近平新时代中国特色社会主义思想是党和国家不断进行思想解放、自我改革和革新的结果，正如习近平总书记强调，要把新时代坚持和发展中国特色社会主义这场伟大社会革命进行好，我们党必须勇于进行自我革命，把党建设得更加坚强有力。

解放思想，就是使思想和实际相符合，使主观和客观相符合，就是实事求是。“我们讲解放思想，是指在马克思主义指导下打破习惯势力和主观偏见的束缚，研究新情况，解决新问题。”[②]“要坚持实践是检验真理的唯一标准，在党的基本理论指导下，一切从实际出发，自觉地把思想认识从那些不合时宜的观念、做法和体制中解放出来，从对马克思主义的错误的和教条式的理解中解放出来，从主观主义和形而上学的桎梏中解放出来。”[③]因此，解放思想是党的思想路线的本质要求。

解放思想不是抽象的概念，而是与党和国家一个阶段的中心工作紧密相连，到底要解放什么，总是根据各阶段的中心任务和存在的问题决定的。解放思想，必须从我国现阶段的基本国情及其具体表现出发，落实并体现在解放生产力、促进经济社会发展上。必须始终坚持把马克思主义基本原理同中国具体实际相结合，坚持科学理论的指导，坚定不移地走自己的路，把我国经济社会的发展转移到科学发展的轨道上来，通过深入调研，集思广益，研究和寻找解决发展中所遇到的矛盾和问题的方法、措施和制度。解放思想作为党的实事求是思想路线的前提条件和基础内容，是在实践中形成的，也必然要回归于实践。解放思想作为党的思想路

---

①冯俊：《思想解放的伟大力量》，《求是》2018年第10期。

②《邓小平文选》（第二卷），人民出版社，1994，第279页。

③《江泽民文选》（第三卷），人民出版社，2006，第284页。

线的一个本质要求，其生命价值在于指导实践。解放思想的对象，主要表现在打破发展中的习惯势力和主观偏见的束缚。通过继续解放思想，牢固树立以人为本、全面协调可持续发展、经济政治文化社会生态全面发展、人的全面发展、生态文明等理念。解放思想的目标，集中体现为研究发展中的新情况，解决发展中的新问题。通过科学分析我国全面参与经济全球化的新机遇新挑战，全面认识工业化、信息化、城镇化、市场化、国际化深入发展的新形势新任务，深刻把握我国发展面临的新课题新矛盾，深入了解人民群众的新要求新期盼，更加自觉地走科学发展的道路。解放思想的目的，就是大胆实践、大胆探索，勇于变革、勇于创新，以求把握发展规律、创新发展理念、转变发展方式、破解发展难题、提高发展质量和效益，实现又好又快发展。

（二）解放思想和科学进行社会主义现代化建设的密切联系

社会主义现代化建设要求解放思想。把我国经济社会发展由长期以来坚持实行的传统发展（重经济、数量、速度，轻政治、文化、质量、效益）转移到科学发展的轨道上来，实现以人为本的发展、全面协调可持续的发展，已经成为今天全面建成小康社会、发展中国特色社会主义的重要任务。要真正实现这个转移并不容易，最重要的还是始终不渝地坚持解放思想。实践告诉我们，必须在经济发展方式的转变、经济与社会的统筹发展、行政管理体制改革等重大方面再来一次思想大解放。

随着社会主义现代化建设实践的不断深入，我们所面临的矛盾问题也愈发严峻，呈现出更多、更新、更深、更杂的特点。比如，落实以人为本的发展理念，要破除一系列的思想和体制障碍。现实生活中存在的“官本位”，一味追求GDP增长甚至陷入“唯GDP”论，只顾经济增长完全不考虑生态环境，大搞形象工程、政绩工程等行为，都严重违背了以人为本的精神，是必须消除的。再比如，地方利益、单位利益、部门利益、个人利益之间存在矛盾，怎样统筹城乡之间、区域之间、经济社会之间、中央地方之间、行业系统之间以及干部群众之间的一系列矛盾问题，也需要打破许多传统观念和做法。

我们所认知的程度还很有限，而中国的发展从未停止，因此，我们需要不断丰富和发展关于社会主义建设的相关理论，这就要求我们必须进一步解放思想。我国经济社会在统筹发展中出现了许多积极向上的新气象，形成了许多新做法新经验；同时，经济社会发展中长期存在的一些深层次矛盾和潜在的风险仍在发展，并且出现了许多新情况新问题。前者需要及时总结，以深化认识，指导实践；后者需要及时化解，以推进实践，丰富理论。这些工作都不能离开进一步解放思想。

解放思想是人类发展的永恒主题，既不能一蹴而就，也不能一劳永逸。实践没有止境，解放思想就没有止境。在新的历史时期，继续解放思想势在必行、刻不容缓。继续解放思想，就是永远不僵化、不迷信、不为过去的思维习惯所束缚，永远不因循守旧、不为传统的行为模式所局限，永远不安于现状、不因已有的经验和成绩而自满，并着力转变不适应不符合科学发展的思想观念，解决影响和制约科学发展的突出问题，构建充满活力、富有效率、更加开放、有利于科学发展的机制体制。只有坚定不移地继续解放思想，认真研究新情况，探讨新办法，寻求新途径，解决新问题，实现新突破，才能更好地巩固和发展改革开放的已有成果，更好地推动经济社会又好又快发展。

只有继续解放思想，才能打破旧思想观念和思维习惯的束缚，破解改革和发展中的新矛盾新问题；才能创新发展理念，转变经济发展方式；才能推动经济、政治、文化、社会、生态协调发展；才能更好地满足人民群众的新要求新期待，使发展成果更多地体现到改善民生上；才能树立世界眼光，统筹国内国际两个大局。

（三）将解放思想与科学发展统一于建设中国特色社会主义的伟大实践

一个民族兴旺发达，离不开思想上的升华；一个政党发展壮大，离不开理论上的成熟。毛泽东曾讲过：主义譬如一面旗帜，政党的旗帜就是作为党的指导思想的科学理论。以什么理论为指导，举什么旗帜，关系到党的生死存亡。毛泽东思想、邓小平理论、“三个代表”重要思想、科学发展观、习近平新时代中国特色社会主义思想是马克思列宁主义与中国实际相结合而产生的历史性飞跃的伟大理论成果，是党和人民实践经验的总结和集体智慧的结晶。回顾中国共产党的奋斗历程，由于党成功地解决了旗帜问题，党领导的革命、建设和改革事业才取得了伟大胜利，一个贫穷落后的半殖民地半封建的旧中国才变成走向繁荣富强的社会主义新中国，并在建设中国特色社会主义道路上继续阔步前进。毛泽东思想、邓小平理论、“三个代表”重要思想、科学发展观、习近平新时代中国特色社会主义思想等一系列重大理论成果，是中国共产党的伟大理论创造。十八届三中全会上，习近平总书记提到要进一步解放思想、解放和发展社会生产力、解放和增强社会活力。思想的解放与改革的进程总是相伴始终，共同推进中国特色社会主义伟大事业的不断发展。

中国共产党人不仅注重理论创新，而且更加注重实践创新。理论的创新，道路的拓展，使中国共产党进一步靠近了社会主义现代化的目标。

以毛泽东为代表的第一代领导集体，运用马克思主义基本原理，依据中国特殊国情，开拓了一条具有中国特色的革命道路。他明确指出了把我国建成农业、工业、国防和科技现代化的社会主义国家的宏伟目标。在建设“四化”强国的宏伟目标指引下，全党和全国人民自力更生，艰苦创业，社会主义建设取得了伟大成就，逐步建立了独立的比较完整的工业体系和国民经济体系，这为我党正确制定社会主义初级阶段经济发展战略奠定了基础。

以邓小平为代表的第二代中央领导集体在对我国社会主义现代化建设正反两方面历史经验进行深刻反思的基础上，大胆吸收和借鉴人类社会创造的一切文明成果，把马克思主义普遍原理与中国实际相结合，探索出一条有中国特色的社会主义现代化建设道路。邓小平从反思“什么是社会主义，怎样建设社会主义”这一根本问题入手，对“中国式的现代化”道路进行了创造性的探索与回答。邓小平开创的中国特色社会主义现代化道路是中华民族历史上的一个伟大创举，它使中国社会面貌发生了巨大变化，综合国力空前增强，人民生活水平显著改善，中国的国际声誉和地位有了前所未有的提高。

以江泽民为核心的第三代中央领导集体高举邓小平理论伟大旗帜，为早日实现社会主义现代化的宏伟目标，确立和制定了一系列战略方针和政策，提前胜利完成了现代化建设的前两步战略目标后，十五大提出了“新三步走”的发展战略，中国又开始朝着富强民主文明的社会主义现代化目标奋进。新世纪之初召开的十六大更是明确提出：“我们要在本世纪头二十年，集中力量，全面建设惠及十几亿人口的更高水平的小康社会”，“经过这个阶段的建设，再继续奋斗几十年，到本世纪中叶基本实现现代化，把我国建成富强民主文明的社会主义国家”。江泽民坚持并拓展了邓小平开创的中国特色社会主义道路，经受住了来自方方面面的严峻考验，使社会主义在中国显示出蓬勃生机和活力，社会主义现代化建设取得了辉煌成就，中国社会正在实现由穷到富、由弱到强、由落后到先进、由传统农业文明到现代工业文明的伟大转变。

以胡锦涛为总书记的中央领导集体带领全党全国人民朝着十六大确立的全面建设小康社会的目标迈出了坚实步伐，为此十七大提出："今后我们要继续努力奋斗，确保到2020年实现全面建成小康社会的奋斗目标"，即"把我国建设成为富强民主文明和谐的社会主义现代化国家"。"在当代中国，坚持中国特色社会主义道路，就是真正坚持社会主义。"这是以胡锦涛为总书记的中央领导集体对中国特色社会主义道路的拓宽与夯实。

十八大以来，以习近平为核心的中央领导集体，立足于新国情和新形势，不断开辟发展的新境界。十九大报告指出："全党要牢牢把握社会主义初级阶段这个基本国情，牢牢立足社会主义初级阶段这个最大实际，牢牢坚持党的基本路线这个党和国家的生命线、人民的幸福线，领导和团结全国各族人民，以经济建设为中心，坚持四项基本原则，坚持改革开放，自力更生，艰苦创业，为把我国建设成为富强民主文明和谐美丽的社会主义现代化强国而奋斗。"①十九大的召开，提出了要继续"不忘初心，牢记使命"，实现"两个一百年"的奋斗目标和中华民族的伟大复兴，中国特色社会主义进入了新时代，科学社会主义在21世纪的中国焕发出强大的生机与活力。

科学发展与解放思想统一于建设中国特色社会主义伟大事业，统一于中国共产党领导的改革开放和现代化建设的生动实践之中。党的指导思

①习近平：《决胜全面建成小康社会　夺取新时代中国特色社会主义伟大胜利——在中国共产党第十九次全国代表大会上的报告》，人民出版社，2017，第12页。

想的与时俱进，中国特色社会主义道路的拓展，都是我们始终如一地坚持解放思想的结果。十八大以来，以习近平为核心的党中央坚定不移地走中国特色社会主义道路，坚持和发展中国特色社会主义，并取得巨大发展成就。这是对中国特色社会主义道路的拓展，从而指引中国这艘巨轮沿着正确的航道乘风破浪永向前。

四、必须进一步加强和改进党的建设

（一）党的建设的内涵和要求

中国共产党自成立以来，非常重视自身建设，在领导革命、建设、改革中，准确把握和运用马克思主义政党建设规律，推进自身建设不断发展。党的十八大以来，以习近平为核心的党中央，站在新的历史起点上，对新形势下如何加强和改进党的建设，发表了一系列重要讲话，提出了加强和改进党的建设的新思想、新论断、新举措，将党的建设推向了一个新的发展阶段。

十九大报告指出，新时期党的建设要“以党的政治建设为统领，以坚定理想信念宗旨为根基，以调动全党积极性、主动性、创造性为着力点，全面推进党的政治建设、思想建设、组织建设、作风建设、纪律建设，把制度建设贯穿其中，深入推进反腐败斗争”①。十九大报告阐述了党的建

①习近平：《决胜全面建成小康社会　夺取新时代中国特色社会主义伟大胜利——在中国共产党第十九次全国代表大会上的报告》，人民出版社，2017，第62页。

设新的内涵，包括政治建设、思想建设、组织建设、作风建设、纪律建设、制度建设“六大建设”，首次将政治建设纳入党的建设的总体布局，丰富和发展了党的建设理论。

“把党的政治建设摆在首位。旗帜鲜明讲政治是我们党作为马克思主义政党的根本要求。党的政治建设是党的根本性建设，决定党的建设方向和效果。”[①]这就决定了党的建设中，要以政治建设为核心，发挥政治建设的统领作用。思想建设是党的基础性建设，必须把共产主义远大理想和中国特色社会主义共同理想作为党的建设所坚持的思想基础。党的基层组织是确保党的路线方针政策和决策部署能够贯彻落实的基础，需要以提升组织力为重点，发挥企业、农村、机关、学校、科研院所、街道社区、社会组织等基础党组织宣传、贯彻党的决定的作用。党风建设关系到中国特色社会主义事业的兴衰成败，人民群众对党的满意和认可程度受到党风政风的影响，而党风政风是靠广大党员干部，尤其是领导干部展现出来的。保持优良的干部作风，营造优良的政治生态环境，是保持党同人民群众的血肉联系、厚植群众基础的关键。纪律建设包含政治纪律、组织纪律、群众纪律、工作纪律、生活纪律、廉洁纪律建设。要重点强化政治纪律和组织纪律，通过开展批评和自我批评的方式进行，“抓早抓小、防微杜渐”。党章是进行制度建设的重要遵循，是党的性质、宗旨、理论、路线的集中体现，要把党章精神作为加强和改进党的制度建设的着力点。腐败是党面临的巨大威胁，反腐工作没有终点，永远在路上，要坚持反腐无禁区，做到始终保持我们党的先进性和纯洁性。

①习近平：《决胜全面建成小康社会　夺取新时代中国特色社会主义伟大胜利——在中国共产党第十九次全国代表大会上的报告》，人民出版社，2017，第62页。

（二）加强和改进党的建设的必要性

中国特色社会主义道路是中国共产党领导人民长期探索、奋力开拓的。中国共产党不仅是中国特色社会主义道路的开辟者，也是这条道路向前发展的领导者，是我们推进事业发展、战胜前进道路上各种艰难险阻，实现富强民主文明和谐美丽社会主义现代化目标的关键。能否将这一道路夯实，关键在于党自身。所以，必须切实加强和改进党的建设。而加强和改进党的建设，目标就是要不断提高党的执政能力。党的执政能力，就是党提出和运用正确的理论、路线、方针、政策和策略，领导制定和实施宪法和法律，采取科学的领导制度和领导方式，动员和组织人民依法管理国家和社会事务、经济和文化事业，有效治党治国治军，建设社会主义现代化国家的本领。党的执政能力建设问题的提出，要求现代化建设的领导者要因势而动，及时改变执政方式，提高执政能力，确保现代化建设进程顺畅。

我们党所处历史方位发生了变化，这要求我们党在社会历史舞台上所扮演的角色也必须随之发生变化，执政能力建设是中国共产党完成历史赋予的角色使命的重要前提。多年来的执政成就证明，中国共产党是当代中国最合格的执政者，但进入新世纪新阶段，世情国情党情的新变化对党的执政能力提出严峻挑战。党的十九大报告指出：“伟大斗争，伟大工程，伟大事业，伟大梦想，紧密联系、相互贯通、相互作用，其中起决定性作用的是党的建设新的伟大工程。”[①]这句话反映了党的建设在我国现代化建设中的巨大作用，我国正处于进一步发展的重要战略机遇期和矛盾凸显

①习近平：《决胜全面建成小康社会　夺取新时代中国特色社会主义伟大胜利——在中国共产党第十九次全国代表大会上的报告》，人民出版社，2017，第17页。

期，发展呈现出一系列新的阶段特征和新情况新问题。国内外的形势需要我们不断加强和改进自身建设，按照推动社会主义物质文明、政治文明、精神文明、社会文明、生态文明协调发展的要求，不断提高驾驭社会主义市场经济的能力，不断提高发展社会主义民主政治的能力、建设社会主义先进文化的能力、构建社会主义和谐社会的能力、应对国际局势和处理国际事务的能力。要紧紧围绕上述任务，立足现实、着眼长远，抓住重点、整体推进，不断研究新情况，解决新问题，创建新机制，增长新本领，全面加强和改进党的建设，使党的执政方略更加完善，执政体制更加健全，执政方式更加科学，执政基础更加巩固。党的执政能力，体现在科学执政、民主执政、依法执政上。坚持科学执政、民主执政、依法执政，是新的历史条件下加强党的执政能力建设和先进性建设的重要内容，反映了我们党对执政规律认识的深化和对党长期执政正反两方面经验的科学总结，反映了我们党对自己所处的历史方位和所承担的历史使命的清醒认识，反映了我们党把推进党的建设新的伟大工程同推进中国特色社会主义伟大事业紧密结合的高度自觉。

（三）加强和改进党的建设是关键

当前，党的领导水平和执政水平、党的建设状况、党员队伍素质总体上同党肩负的历史使命是适应的。同时，党内也存在不少不适应新形势新任务要求、不符合党的性质和宗旨的问题，削弱了党的创造力、凝聚力、战斗力，损害了党同人民群众的血肉联系，影响了党的执政地位巩固和执政使命实现，必须引起全党警醒，应抓紧加以解决。新时期，加强和改进党的建设，要坚持党要管党、全面从严治党的方针。

十九大报告从八个方面对加强和改进党的建设进行了部署，提出了一系列新路径、新举措、新方法，阐述了新时代党的建设的总要求，即“坚持和加强党的全面领导，坚持党要管党、全面从严治党，以加强党的长期执政能力建设、先进性和纯洁性建设为主线，以党的政治建设为统领，以坚定理想信念宗旨为根基，以调动全党积极性、主动性、创造性为着力点，全面推进党的政治建设、思想建设、组织建设、作风建设、纪律建设，把制度建设贯穿其中，深入推进反腐败斗争，不断提高党的建设质量，把党建设成为始终走在时代前列、人民衷心拥护、勇于自我革命、经得起各种风浪考验、朝气蓬勃的马克思主义执政党”①。加强和改进党的建设，要把党的政治建设放在首位，统筹推进党的思想、组织、作风、纪律、制度建设。

首先，要把党的政治建设放在首位。十九大报告中，首次把党的政治建设定位为党的根本性建设。坚守正确的政治方向是政治建设的重中之重，关系到党的前途命运和中国特色社会主义事业的成败。要按照实现“两个一百年”奋斗目标和中国特色社会主义共同理想的要求，严格遵循党的基本理论、基本路线、基本方略，坚定“四个自信”，坚定理想信念。进行党的政治性建设，要树立党的权威，保证全党服从党中央的集中统一领导。各级党组织和广大党员干部要坚决执行党的政治路线，严格遵守政治纪律和政治规矩，严格尊崇党章。坚持民主集中制的原则，既要坚持民主，又要贯彻集中统一。

思想建设是党的基础性建设。习近平指出：“对共产党人来说，理

①习近平：《决胜全面建成小康社会　夺取新时代中国特色社会主义伟大胜利——在中国共产党第十九次全国代表大会上的报告》，人民出版社，2017，第62页。

想信念是精神之‘钙’，精神上缺了‘钙’，就会得‘软骨病’，就会导致政治上变质、经济上贪婪、道德上堕落、生活上腐化。”[①]要把坚定理想信念作为思想建设的着力点和首要任务，用习近平新时代中国特色社会主义思想武装全党，教育党员、干部。“加强理想信念教育的过程就是一个‘补钙’的过程，广大党员干部树立起坚定的理想信念就不会得‘软骨病’，遇到风险考验就会有骨气，有抵抗能力。”[②]思想建设是党领导的伟大事业不断取得胜利的重要法宝。

在组织建设方面，一是要做好党员干部的选拔工作，明确选拔的标准。要把政治标准放在首位，“党组织要严格把关，把政治标准放在首位，确保政治合格”[③]。二是强调组织纪律，严格管理党员干部。党的作风就是党的形象，关系人心向背，关系党的生死存亡。领导干部特别是高级干部作风如何，对党风政风乃至整个社会风气的走向具有重要影响。党员干部的作风关系到党的形象，关系到党和人民事业的顺利发展。新时期广大党员干部要注意保持优良的工作作风，认真落实中央八项规定精神，坚决反对特权思想，杜绝特权现象。

在纪律建设方面，要严明党的纪律。“重点强化政治纪律和组织纪律，带动廉洁纪律、群众纪律、工作纪律、生活纪律严起来。”[④]在制度建设上，坚持制度治党，以党章为根本遵循，深化制度改革，完善党内法规。坚持制度面前人人平等，运用党内法规制度体系限制权力的运用，保

①习近平：《在党的群众路线教育实践活动第一批总结暨第二批部署会议上的讲话——在中国共产党第十九次全国代表大会上的报告》，《党建研究》2014年第2期。

②曲建武、郑晶晶：《论习近平党建思想的科学体系》，《思想教育研究》2015年第7期。

③《十八大以来重要文献选编》（上），中央文献出版社，2014，第351页。

④习近平：《决胜全面建成小康社会　夺取新时代中国特色社会主义伟大胜利——在中国共产党第十九次全国代表大会上的报告》，人民出版社，2017，第66页。

障党内纪律严明。

总的来说，加强和改进党的建设，除了改进党的政治、思想、组织、作风、纪律、制度建设外，还要实施全面从严治党。全面从严治党，核心是加强党的领导，不断提升党的执政能力和执政水平，确保党始终总揽全局、协调各方，始终是中国特色社会主义事业的坚强领导核心。加强和改进党的建设，也要深入推进反腐败斗争。要坚持用零容忍的态度惩治腐败，坚决“无禁区、全覆盖、零容忍”，“老虎”“苍蝇”一起打，使党员干部“不敢腐、不能腐、不想腐”。

加强和改进新形势下党的建设，必须全面贯彻党的十九大关于党的建设总体部署，按照党章要求，着眼于继续解放思想、坚持改革开放、推动科学发展、促进社会和谐，着眼于提高党的执政能力、保持和发展党的先进性，着眼于增强全党为党和人民事业不懈奋斗的使命感和责任感，着眼于保持党同人民群众的血肉联系，突出重点，突破难点，全面推进政治建设、思想建设、组织建设、作风建设、纪律建设、制度建设和反腐倡廉建设，提高党的建设科学化水平，进一步把党建设成为立党为公、执政为民，求真务实、改革创新，艰苦奋斗、清正廉洁，富有活力、团结和谐的马克思主义执政党，确保党始终是中国工人阶级的先锋队，同时是中国人民和中华民族的先锋队。

第五章
夯实中国特色社会主义发展战略的重要举措

发展战略的制定不是目的，最重要的是要把正确的发展战略贯彻落实到位。夯实中的特色社会主义发展战略，必须拿出强有力的举措，比如：切实转变政府职能，加快转转变经济发展方式，统筹城乡协调发展，注重绿色发展，并不断强化政府执行力。

一、切实转变政府职能

（一）转变政府职能是实现高质量、可持续发展的必然要求

党的十九大报告指出："转变政府职能，深化简政放权，创新监管方式，增强政府公信力和执行力，建设人民满意的服务型政府。"[①]从十九大报告可以看出，与以往"深化行政体制改革"相比，现在更加突出了进

①习近平：《决胜全面建成小康社会　夺取新时代中国特色社会主义伟大胜利——在中国共产党第十九次全国代表大会上的报告》，人民出版社，2017，第39页。

行机构改革的要求。在改革措施上，赋予了省级以下政府更多的自主权。中国特色社会主义进入了发展的新时代，我国的社会主要矛盾已经从“人民日益增长的物质文化需求同落后生产力之间的矛盾”转化为“人民日益增长的美好生活需要和不平衡不充分的发展之间的矛盾”，人民群众除了对物质文化生活的要求提高了之外，在民主、法治、安全、环境等方面也提出了新的要求，这对政府建设提出了更高要求，必须通过转变政府职能和机构改革的方式，使职能配置和机构设置符合发展的需要，才能促进国家治理现代化的实现，顺利建成服务型政府。

我国的发展已经由高速增长阶段转变为高质量发展阶段，坚持“稳中求进”的总基调，处理好政府与市场、政府与社会的关系，发挥市场在资源配置中的决定性作用，让政府变为“服务型”政府，是实现高质量、可持续发展的必然要求。十八大以来，以习近平为核心的党中央领导集体为革除政府职能定位和部门设置与经济发展、社会管理、公共服务不相协调的部分，保证中国特色社会主义事业顺利发展，明确提出了让市场在资源配置中起决定性作用的理论，通过加快转变政府职能，深入推进“放管服”改革，促进政府服务不断优化。

当前，政府职能正向服务型转变，不断提高服务经济社会建设、服务广大人民群众的能力。通过推进“放管服”改革，采取大幅减少行政审批事项、降低企业税费、加强事中事后监管等一系列措施，在建设服务型政府方面取得了显著的成效，政府的服务水平和质量得到了大幅度提高。职能转变虽然取得了一定成效，但与我国新时期的经济社会要求、人民群众的需求相比，有些方面还需要继续加强和改进。比如，在“放”的方面，有些该放的权还没放，有些下放的权力不配套、不衔接、不到位，变相审批不时发生；在“管”的方面，监管缺失、检查任性、执法不力等问题依然不同程度地存在；在“服”的方面，服务方式有待创新，服务水平有待提升。此外，部门繁多、机构重叠等问题依然突出。面对职能转变过程中存在的问题，需要进一步深化政府职能转变，增强政府公信力和执行力。增强公信力，要求政府要依法履职，杜绝乱作为和不作为行为，全面推进政务公开，打造“透明政府”；增强执行力，要求政府部门和工作人员善于运用现代科学技术，提高服务质量和水平，加强督查问责力度，推进部署工作的良好落实。

按照党政分工的原则，党主持制定的中国特色社会主义发展战略，必须由政府来组织实施，而政府能否做好这一工作，关键是能否进一步转变自身职能。转变政府职能，就是要进一步加强经济调节和市场调节监管，健全国家宏观调控体系，减少政府对市场和企业经营活动的直接干预，为经济发展创造良好的市场环境。更加注重履行政府的社会管理和公共服务职能，把更多的力量放在发展社会事业和为人民群众提供更多更好的服务上来。不断提高驾驭社会主义市场经济等多种执政能力，从而真正起到领导者的作用。

（二）要树立正确的权力观、政绩观、群众观

权力观是指人们对职权范围内可支配力量的认识或看法，包括权力所有观、权力目的观、权力价值观、权力责任观、权力道德观、权力实现观、权力制衡观等方面。总括起来一句话，权力观的核心就是明确权从何来、权为谁用的问题。党的地位的变化、干部队伍的变化及社会环境的变化，对树立正确的权力观提出了迫切要求。因为少数领导干部将权力私有

化、自由化、商品化、亵渎化、集中化、享受化，这些都是权力观的错位现象，而权力观的错位必然带来权力异化。中国共产党的宗旨要求领导干部必须牢固树立正确的权力观，为此，必须牢固树立正确的世界观、人生观和价值观，克服错误权力观的影响，牢固树立群众意识，增强廉洁自律意识，强化监督，思想教育与制度保证双管齐下。党员干部要正确看待和运用自己手中的权力，解决好为谁掌权、为谁服务的问题；要正确对待个人的名利地位，解决好做事与做官的问题，树立正确的权力观。“领导就是服务”，就是为人民服务，就是扮演好“人民公仆”的角色。

政绩观是领导干部对工作成果的认识，对自己行政行为的价值判断。领导干部的政绩观，反映了其对待党的事业和人民利益的态度，不同的政绩观会使人走出截然不同的道路。树立正确的政绩观，是为了更好地贯彻党的宗旨，是实现全面建成小康社会奋斗目标的客观要求，是党的建设的需要，也与领导干部个人的成长和我们党领导下的事业息息相关。2018年3月8日，习近平总书记参加十三届全国人大一次会议山东代表团审议时强调：“‘功成不必在我’并非消极、怠政、不作为，而是要牢固树立正确政绩观，既要做让老百姓看得见、摸得着、得实惠的实事，也要做为后人作铺垫、打基础、利长远的好事，既要做显功，也要做潜功，不计较个人功名，追求人民群众的好口碑、历史沉淀之后真正的评价。”树立正确的政绩观，必须依照“万事民为先”的准则创造政绩，必须始终突出一个“实”字，即办实事、重实效、务实绩。用全面的、实践的、群众的观点看待政绩，建立和完善政绩评价标准、考核制度和奖惩制度，形成正确的政绩导向。符合新时期政绩观要求、能够推动人民利益实现的事情就全力以赴地去做，不符合的就毫不迟疑地去改，真正使促进发展的各项工作都经得起历史和人民的检验。不唯GDP论英雄，杜绝虚假数字政绩；政绩评估不再“摸脑袋”，考核标准具体化；注重立法，确保政绩评估法制化；把代表最广大人民的根本利益作为衡量领导干部政绩的根本标准。要加快建立相关的制度保障和符合发展要求的经济社会发展综合评价体系，认真考虑各项政策措施是否符合全面协调可持续发展的要求，是否符合最广大人民的根本利益，使新时期政绩观真正成为衡量各项工作的尺度。要树立和落实正确的政绩观，就必须摒弃错误的政绩观，如“政绩不政绩，主要看经济”“政绩不政绩，主要看统计”“政绩不政绩，主要看任期”“政绩不政绩，形象摆第一”，等等。

各级领导干部必须牢记全心全意为人民服务的宗旨，树立与新时期发展要求相适应的政绩观，坚持为了发展和造福于民而创造政绩的观念，把实现人民群众的利益作为追求政绩的唯一目的，坚持严格按照客观规律办事，兢兢业业地干好工作，实实在在地创造业绩。要做到情为民所系，必须把自己当作人民的儿子。儿子与养育自己的父母之间有着不可分割的血肉联系，儿子时刻都想着报答父母的养育之恩。情为民所系，就是要求我们的领导干部从心底里把自己与人民群众的喜怒哀乐紧紧联系在一起。领导干部要带着浓厚的感情，想群众之所想，急群众之所急，办群众之所需，解群众之所难，在为群众办实事谋利益的过程中体现执政为民的宗旨。要做到利为民所谋，必须把人民群众利益作为一切工作的出发点和落脚点。利为民所谋，就是在心里时刻想着立党为公，执政为民。说到底，就是要求领导干部必须时刻心存公念，心系人民，想着为党分忧、为民解难，最大限度地把党的阳光雨露挥洒到社会的每个角落，将社会利益公正地分配给社会的每个成员。

群众观是指党员干部发自内心深处对待群众的态度。或者说，群众观是指党员干部对“把群众究竟放在自己心目中什么样的位置上”这一问题的根本认识。正确的群众观始终把群众作为发展的主体。唯物史观认为，人民群众是历史的创造者，是时代的真正英雄。群众观从内容和结构上来看，包括群众观点、群众路线、群众工作理论。

关于群众观点，习近平总书记从“人民群众是历史创造者”这一根本性观点出发，通过理论与实践的结合，对马克思主义的群众观点作了丰富和发展。要始终坚持人民是历史的创造者，尊重人民主体地位，以人民为中心。党的十九大报告明确指出:“人民是历史的创造者，是决定党和国家前途命运的根本力量。”①我国目前正处于发展的关键期、改革的攻坚期和矛盾的凸显期，要实现中华民族的伟大复兴和“两个一百年”的奋斗目标，就要调动人民积极性，紧紧依靠人民的力量，尊重人民主体地位，发挥人民的积极性、主动性、创造性。关于群众路线，根据十八大修订的《中国共产党章程》，可以概括为：党在自己的工作中实行群众路线，一切为了群众，一切依靠群众，从群众中来，到群众中去，把党的正确主张变为群众的自觉行动。群众路线是党的根本工作路线，是保持与群众血肉联系的生命线。坚持走群众路线，能够赢得人民群众的衷心拥护，同时，又能够获得发展的不竭动力。关于群众工作，一要以民为根，以民为本。就是一切相信群众，一切依靠群众。二要求学于民，问策于民。求学于民，必然会经常问策于民。领导干部要眼睛向下，深入群众，察民情，听民意，集民智，使各项政策符合民意。三要取信于民，还权于民。通过权力下放和职能转型，赋予人民群众更多自主的权利，实现民主执政。

①习近平：《决胜全面建成小康社会　夺取新时代中国特色社会主义伟大胜利——在中国共产党第十九次全国代表大会上的报告》，人民出版社，2017，第21页。

（三）转变政府职能的关键

新时期的行政管理体制改革不再像过去那样把“精简机构”的口号喊得震山响，而是扎扎实实地转变职能，强调建立公共服务型政府，进而形成行为规范、运转协调、廉洁高效的行政管理体制，健全现代政府管理制度与管理方式。其中，加快政府职能转变是关键和核心。政府职能转变，就是要把政府职能由计划经济体制下管得过宽过多、主要靠行政手段管理和权责脱节，进一步转到经济调节、市场监督、社会管理和公共服务上来，按照社会主义市场经济发展的要求行使职权，做到权责一致。十九大报告指出，要“转变政府职能，深化简政放权，创新监管方式，增强政府公信力和执行力，建设人民满意的服务型政府”①。新时期，必须依靠“简政放权、放管结合、优化服务”的方式深化行政体制改革，转变政府职能。

首先，要充分发挥市场在资源配置中的决定性作用。从2013年起至今，“我们持续扎实推进简政放权，国务院部门行政审批事项削减44%，非行政许可审批彻底终结，中央政府层面核准的企业投资项目减少90%，中央政府定价项目缩减80%，商事制度发生根本性变革”②。简政放权有效地解放和发展了生产力，促进了我国经济的平稳增长，释放了市场活力。通过依靠市场对资源进行配置，减少政府对资源和微观经济活动的直接干预，建立统一开放、竞争有序的市场体系，把政府不该管的事交给市场，充分发挥市场的作用，实现资源配置的效益、效率最大化。

其次，要深化行政审批制度改革，精简和规范行政审批项目。政府

---

①习近平：《决胜全面建成小康社会　夺取新时代中国特色社会主义伟大胜利——在中国共产党第十九次全国代表大会上的报告》，人民出版社，2017，第39页。

②肖捷：《深入推进简政放权》，《人民日报》2018年4月23日。

不该管的事一定不要管，坚决放开。必须进一步减少和规范行政许可和审批事项，各级政府及其部门都不得直接干预企事业单位和中介组织的经营活动和具体事务。“要尊重市场作用和企业主体地位，凡是市场机制可以有效调节的事项以及社会组织可以替代的事项，凡是公民法人在法律范围内能够自主决定的事项，原则上都不应设立行政许可，最大限度减少审批。”[①]比如，企业营业执照的办理由最初的“三证合一”到“五证合一”，再到2017年的“多证合一”，简化了审批手续，促进企业能够迅速拿到证件进入生产经营状态。在精简和规范行政审批项目的同时，通过将云计算、大数据、移动互联网等新一代信息技术应用到政务与公共服务中，进一步提高政务服务的效率，促使行政审批智能化、精准化。

第三，要创新监管方式，加强事中事后监管。政府该管的事一定要管，而且要管好。必须明确政府的管理权限，并推进政府管理创新。市场调节的局限性要求政府正确履行职能，加强和改善宏观调控，弥补市场机制的欠缺和不足，在提高效率的同时体现公平，以便更好地发挥市场在优化资源配置中的作用。2017年1月，国务院印发的《“十三五”市场监管规划》强调：“要健全市场监管体制机制，强化竞争政策，健全企业信用监管，加强大数据监管，完善市场监管体制，推动市场监管法治建设。”[②]加强和改善市场监管，是政府职能转变的重要方向，是维护市场公平竞争、充分激发市场活力和创造力的重要保障。在市场经济条件下，政府不能直接干预微观经济运行，而必须发挥自己作为“守夜人”应有的作用，正确地履行好如下职责：一要创造市场机制正常运作和有效发挥作

①肖捷：《深入推进简政放权》，《人民日报》2018年4月23日。

②《国务院印发〈“十三五”市场监管规划〉》，《人民日报》2017年1月24日。

用的条件和环境，创造和维护公开公平公正的市场竞争秩序；二要熨平经济的大幅度波动，通过采取综合手段，促进供求总量基本平衡，避免经济大起大落；三要致力于提供非营利性的公共产品和公共服务，以努力实现社会公平；四要在促进经济发展的同时，把维护社会公正放到更加突出的位置，综合运用多种手段，逐步建立社会公平保证体系。

第四，要强化政府服务意识，优化政府服务，建设服务型政府。优化政府服务是简政放权、放管结合的延伸，统一于转变政府职能的伟大实践之中。一是强化政府服务意识，要破除官本位思想，加强对广大公职人员的思想政治和职业道德教育，“引导政府工作人员以为人民服务为本，勤勉工作、爱岗敬业、大胆创新、勇于担责”①。二是通过建立服务清单，细化办理依据、流程、需要材料、示范文本、收费标准、联系方式等内容，规范办事服务程序，提高服务效率，方便群众办事。三是完善政务服务体系，通过完善市、乡、村三级公共服务体系，建立上下联动、密切协作、覆盖城乡的政务服务体系。

二、加快转变经济发展方式

（一）转变经济发展方式的必要性和主要任务

坚持中国特色社会主义道路，贯彻落实中国特色社会主义发展战略，

①刘影：《进一步提高简政放权“含金量”》，《人民论坛》2018年第2期。

必须切实转变经济发展方式，创新发展模式，提高发展质量，实现经济增长与结构、质量、效益相统一。为此，必须大力推进经济增长方式由粗放型向集约型转变，走新型工业化道路，推进国民经济和社会信息化，坚持节约发展、清洁发展、安全发展，实现可持续发展；必须大力推进经济结构战略性调整，加快产业结构优化升级步伐，高度重视节约资源和保护环境，促进经济社会发展与人口、资源、环境相协调。从而真正把经济社会发展转入科学发展的轨道，最终实现经济社会又好又快发展。

十四届五中全会确立实现经济增长方式根本性转变的战略方针后，成效并不显著，粗放经营问题仍很突出。转变经济发展方式是十七大提出的一个重要的新概念，是一个关系国民经济发展全局的紧迫而重大的战略任务，是在总结我国经济建设实践经验和借鉴国际经验教训的基础上认识的提高和理论的升华。它关系发展理念的转变、发展道路的选择、发展模式的创新，实质上是解决如何使发展又好又快的问题。用“转变经济发展方式”区别于过去的“转变经济增长方式”，虽然只改了一个词，但是内涵却发生了重大变化。十九大报告作出了中国特色社会主义进入了发展新时代的重大判断，指出我国经济发展已经由高速增长阶段转为高质量发展阶段。进入新的发展阶段，我国的经济发展呈现出了一些新的特征：一是收入方面，已经由低收入阶段转变为中等收入阶段。2017年，我国的国内生产总值首次突破80万亿元大关，达到82.7122万亿元，人均国内生产总值5.966万元，超过中等偏上收入国家平均水平。但仍旧存在着人均收入偏低、整体经济素质不高、产业结构层次低、金融体系不够发达等问题，限制着经济的长久发展。

二是长期的资源高消耗和环境高污染发展方式导致资源不足、污染严重，限制经济的持续发展。目前，成就和考验并存，需要及时转变经济发展方式，实现由速度、数量型增长向质量、效益型增长转变。

经济发展方式除了涵盖经济增长方式所指的获得经济增长的方法和模式、所强调的提高经济增长效益的含义外，还对经济发展的理念、战略和途径等提出了更高的要求，它强调的不仅是提高经济增长效益，还包括促进经济结构优化、经济增长与资源环境相协调、发展成果合理分配等内容。其实质在于全面地追求和实现经济社会更好的发展质量和整体的协调。也就是说，转变经济发展方式，不仅要求转变经济增长方式，还要求深化供给侧结构性改革，实现经济社会协调发展，实现人与自然和谐发展及人的全面发展。

（二）要树立新发展理念

创新、协调、绿色、开放、共享是新发展理念的科学内涵。十九大报告指出："建设现代化经济体系是跨越关口的迫切需求和我国发展的战略目标。必须坚持质量第一、效益优先，以供给侧结构性改革为主线，推动经济发展质量变革、效率变革、动力变革，提高全要素生产率。"[①]转变经济发展方式，首先就要转变发展理念，把发展目标转到注重发展质量和效益上来。过去，我国强调的是发展速度和数量，是以增长速度为中心的发展模式，这种方式对我国当时的经济发展起到了巨大作用，推动我国的经济发展长期保持两位数的增长速度，但也随之出现了一系列的问题。长期下来，由于片面追求经济在数量上的增长，忽视了节约资源与保护环

①习近平：《决胜全面建成小康社会　夺取新时代中国特色社会主义伟大胜利——在中国共产党第十九次全国代表大会上的报告》，人民出版社，2017，第30页。

境，现在的资源不足、环境污染问题变得突出，成了限制经济可持续发展的瓶颈。

要树立创新发展理念。创新发展着重解决的是发展动力问题，由于我国的科技发展水平总体不高，科技对经济增长的贡献率虽一直增长，但仍旧低于发达国家水平。需要依靠创新驱动发展，依托先进科学技术，将传统产业与大数据融合，推动产品由“制造”向“智造”迈进。协调发展理念强调的是城乡、区域、经济与社会、物质文明和精神文明等方面的协调发展。要统筹兼顾，全面发展，注意调整发展关系，注重发展的整体效能。绿色发展理念是以人与自然和谐为价值取向，以绿色低碳循环为主要原则，以效率、和谐、持续为目标的发展理念。绿色发展要求正确处理好生态环境保护与发展的关系，实现经济社会与资源环境的协调发展。习近平总书记强调，要“更加自觉地推动绿色发展、循环发展、低碳发展，决不以牺牲环境为代价去换取一时的经济增长”①。通过对传统产业进行有效升级，发展绿色新兴产业，降低环境污染和资源使用量，建设资源节约型和环境友好型社会，形成人与自然和谐发展的发展格局。开放发展理念强调的是提高对外开放的质量和发展的内外联动性。需要利用好国际和国内两个市场，统筹这两个大局，解决好发展内外联动的问题。“一带一路”倡议的实施，带动了沿线国家的发展，是我国对外开放战略的新提升，得到了沿线国家的热烈响应。通过打造陆海内外联动、东西双向互济的对外开放新格局，构建以合作共赢为核心的新型国际关系；搭建开放合作的“中国平台”，主动承担国际社会的“中国责任”等，全面开拓对外

①习近平：《习近平谈治国理政》，外文出版社，2014，第209页。

开放的新格局。共享发展理念体现的是社会主义的本质要求，强调的是全民共享、全面共享、共建共享、渐进共享。实现全民共享，就要促进社会公平正义，让全体人民共享发展成果，特别是要加大对困难群众的帮扶力度，将发展成果更多更公平地惠及全体人民。全面共享，就是全民共享政治、经济、文化、社会、生态各个方面的建设成果。共建共享是强调人人参与、人人尽力、人人享有的发展理念，人人都通过自己的努力为国家发展、民族振兴、个人幸福贡献力量，然后共享共建成果。渐进共享要求处理好当前和长远的关系，既要明确所处的发展阶段，量力而行，又要积极行动，不断朝着共同富裕的目标前进。

积极妥善践行“新发展理念”，在新发展理念的指导下进行社会主义政治、经济、社会、文化、生态建设，转变经济发展方式，实现我国各方面的质量和效益双发展。

（三）加快转变经济发展方式的关键在建设现代化经济体系

党的十九大报告指出：“我国经济已由高速增长阶段转向高质量发展阶段，正处在转变发展方式、优化经济结构、转换增长动力的攻关期，建设现代化经济体系是跨越关口的迫切要求和我国发展的战略目标。”十九大报告首次提出了“建设现代化经济体系”，这是时代发展的新要求，是推动新时代中国经济持续健康发展的必由之路。

现代化经济体系，主要是由七部分构成的：“一是创新引领、协同发展的产业体系。这是现代化经济体系的基础和核心。”“二是统一开放、竞争有序的市场体系。这是现代化经济体系配置资源的主要机制。”“三是体现效率、促进公平的收入分配体系。这是现代化经济体系的激励和平衡机制。”“四是彰显优势、协调联动的城乡区域发展体系。这是现代化经济体系在空间布局方面的体现。”“五是资源节约、环境友好的绿色发展体系。这是现代化经济体系的生态环境基础。”“六是多元平衡、安全高效的全面开放体系。这是现代化经济体系与外部世界的联系机制。”“七是充分发挥市场作用、更好发挥政府作用的经济体制。这是现代化经济体系的制度基础”。①总的来说，要完成这七个体系的建设，就要整体掌握，把控全局。

建设现代化经济体系，首先要深化供给侧结构性改革，这是建设现代化经济体系的战略措施。目前，我国存在发展不平衡不充分的问题，供给侧结构性问题突出，表现在供给结构不能适应供给需求的变化、供给质量不能满足人民需求。这就需要重点发展实体经济，以提高供给质量为主攻方向，推动产业优化升级，依靠新的发展动能，形成新的发展局面。其次要加快建设创新型国家。要通过“深化科技体制改革，建立以企业为主体、市场为导向、产学研深度融合的技术创新体系”②。科技创新是经济发展的重大推动力，要形成系统的科技创新体系，培养高水平的科技人才，从而实现实体经济与科技的深度融合。再次，要实施乡村振兴战略。通过巩固、完善农村基本经营制度，深化农村集体产权制度改革，发展多种形式的适度规模经营，将农村经济纳入现代化经济体系之中，实现农业农村现代化。

第四，实施区域协调发展战略和完善社会主义市场经济体制。通过

①刘志彪：《把握现代化经济体系的内涵和重点》，《人民日报》2018年6月24日。

②习近平：《决胜全面建成小康社会　夺取新时代中国特色社会主义伟大胜利——在中国共产党第十九次全国代表大会上的报告》，人民出版社，2017，第31。

中西部地区协调发展，建立区域协调发展新机制，促进区域加快发展。完善市场经济体制，就要采取深化国有企业改革、实施市场准入负面清单制度、完善宏观调控等措施。

第五，要推动形成全面开放新格局。要“以‘一带一路’建设为重点，坚持引进来和走出去并重，遵循共商共建共享原则，加强创新能力开放合作，形成陆海内外联动、东西双向互济的开放格局”[①]。

转变经济发展方式，核心在建立现代化经济体系，这是党和政府对经济发展规律认识不断深化的结果，勾画出了转变经济发展方式的整体发展思路，推动新时期经济又好又快发展。

三、统筹城乡协调发展

（一）统筹城乡协调发展的必要性和途径

统筹城乡经济社会发展，逐步改变城乡二元经济结构，建设社会主义新农村，是我们党从全面建成小康社会全局出发作出的重大决策。它集中体现了我们党在新阶段“三农”工作的新理念、新思路，是对我们党长期以来特别是改革开放以来关于农业、农村、农民问题战略思想的继承和发展，是统筹城乡发展的根本措施，是新世纪新阶段解决“三农”问题的重大战略部署，为我国农村的发展展现了美好蓝图，开辟了广阔道路。

①习近平：《决胜全面建成小康社会　夺取新时代中国特色社会主义伟大胜利——在中国共产党第十九次全国代表大会上的报告》，人民出版社，2017，第34—35。

农业、农村、农民问题，即“三农”问题，是关系到我国改革开放和现代化建设的全局性、战略性的根本问题。我们党领导的革命、建设、改革取得的伟大成就，都是同高度重视解决“三农”问题密不可分的。在我国，农业具有更为重要的地位。现实情况是，我国处于社会主义初级阶段，农村还欠发达。表现在：生产力落后，主要靠手工劳动；市场化程度低，自给半自给占相当比重；农业人口多，就业压力大，科技教育文化落后，文盲半文盲数量较大；农民生活水平比较低，城乡差别大。这些严重制约农业的发展和农村的稳定。农业、农村、农民问题，是全面建成小康社会进程中的关键问题。农业丰则基础强，农民富则国家盛，农村稳则社会安。全面建成小康社会，最艰巨最繁重的任务在农村。没有农民的小康就没有全国人民的小康，没有农村的现代化就没有国家的现代化。发展好农村经济，建设好农民的家园，让农民过上宽裕的生活，才能保证全体人民共享经济社会发展成果，才能不断扩大内需和促进国民经济持续快速协调健康发展。

统筹城乡经济协调发展，需要深化改革，加快改变城乡二元结构。要通过建立多元化的社会结构，改变原有的二元体制。发挥市场的调节作用，减少政府对市场经济活动的过多干预和不合理管理。由于城乡教育水平差距较大，需要注重加大对农村教育的投入力度，通过制定较为科学、合理的农村教学各项收费标准、改革教育管理体制、提高教师待遇、增加城乡间师资、教学设施流动等方式提高城乡教育水平。统筹城乡协调发展，需要解决农民的实际生活问题。随着城镇化建设的不断深入，农民面临失地问题，影响了农民的生活来源。同时，新型城镇化建设和农村现代化建设需要大量劳动力，为农村多余劳动力提供就业机会，引导农民从事城镇、新农村的基础设施建设和各项服务行业，能够有效地保障城市建设的需要，也推动了农民再就业。

（二）要把推进新农村建设作为工作的重点

党的十六届五中全会进一步提出了建设社会主义新农村是我国现代化进程中的重大历史任务。2006年，中共中央国务院颁发了《关于推进社会主义新农村建设的若干意见》，对统筹城乡经济社会发展，扎实推进社会主义新农村建设作了全面部署。中央提出的建设社会主义新农村的总要求是：生产发展、生活宽裕、乡风文明、村容整洁、管理民主。生产发展，是新农村建设的中心环节，是实现其他目标的物质基础。生活宽裕，是新农村建设的目的，也是衡量我们工作的基本尺度。乡风文明，是农民素质的反映，体现农村精神文明建设的要求。村容整洁，是展现农村新貌的窗口，是实现人与环境和谐发展的必然要求。管理民主，是新农村建设的政治保证，显示了对农民群众政治权利的尊重和维护。这二十个字，内涵丰富，要求明确，全面体现了当前和今后一个时期“三农”工作的主要方面，不仅勾画出了现代化农村的美好图景，而且提出了解决“三农”问题的系统思路。

十八大以来，以习近平为核心的党中央领导集体将解决好“三农”问题作为全党工作的重中之重，出台了一系列的措施和方案，扎实推进新农村建设，使农业得到加强、农村得到发展、农民得到实惠，为推动经济社会发展、保持社会稳定创造了重要条件。根据新时期全面建成小康社会的任务目标，十九大首次提出了“乡村振兴战略”，对新农村建设进行了整体部署，将2006年中央一号文件提出的社会主义新农村建设的总要求发展为“产业兴旺、生态宜居、乡风文明、治理有效、生活富裕”①。新农村建设发展总要求的变化，反映了党和政府“以人民为中心”的发展理念，是“全心全意为人民服务”宗旨的体现。目前，我国乡村也面临着发展不平衡、不充分的问题，制约农业和农村发展的深层次矛盾尚未消除，促进农民持续稳定增收的长效机制仍需继续完善和改进，农村经济社会发展滞后的局面尚未根本改变。建设社会主义新农村是一项系统工程，要按照工业反哺农业、城市支持农村和“多予少取放活”的方针，有计划有步骤有重点地推进。要通过坚持农村基本经营制度，强化支农惠农政策，加快农业科技进步，调整优化农村经济结构，加大扶贫力度，促进农业不断增效、农村加快发展、农民持续增收。为此，各级政府要把基础设施建设和社会事业发展的重点转向农村，逐步加大政府土地出让金用于农村的比重，探索确保农民现实利益和长期稳定收益的有效办法，解决好被征地农民的就业和社会保障问题。要加快培养新型农民，充分发挥广大农民在新农村建设中的主体作用。建设社会主义新农村是一项长期、艰巨、复杂的重大历史任务，要动员全党全社会关心农业、关注农村、关爱农民，积极支持和参与新农村建设，建立以工促农、以城带乡长效机制，形成城乡经济社会发展一体化的新格局，使建设社会主义新农村成为全党全国人民的共同行动。

（三）统筹城乡协调发展的关键在解决“三农”问题

十六大报告把解决“三农”问题放在一个十分突出的地位，指出：要“统筹城乡经济社会发展，建设现代农业，发展农村经济，增加农民收

①习近平：《决胜全面建成小康社会　夺取新时代中国特色社会主义伟大胜利——在中国共产党第十九次全国代表大会上的报告》，人民出版社，2017，第32页。

入”。这是在科学分析我国国民经济发展面临的主要问题的基础上，提出的解决“三农”问题的重大思路。十六大以来，我们党强调要把解决好“三农”问题作为全党工作的重中之重，统筹城乡发展。胡锦涛在党的十六届四中全会上，明确提出了“两个趋向”的重要论断，即在工业化初始阶段，农业支持工业、为工业提供积累是带有普遍性的趋向；但在工业化达到相当程度后，工业反哺农业、城市支持农村，实现工业与农业、城市与农村协调发展，也是带有普遍性的趋向。农业与农村、农民问题紧密联系在一起，有了农业的发展，才有农村经济的发展，也才有农民的好日子。2018年1月，中共中央国务院发布了《中共中央国务院关于实施乡村振兴战略的意见》，这是改革开放以来第20个、新世纪以来第15个指导“三农”工作的中央一号文件，文件将“乡村振兴战略”作为新时期进行“三农”建设的行动指南，显示了党和政府对“三农”问题的高度重视，“三农”问题依然是全面建成小康社会、实现现代化的重点和难点。

当前，我国乡村同样面临着发展不平衡不充分的问题，主要表现在：“农产品阶段性供过于求和供给不足并存，农业供给质量亟待提高；农民适应生产力发展和市场竞争的能力不足，新型职业农民队伍建设亟须加强；农村基础设施和民生领域欠账较多，农村环境和生态问题比较突出，乡村发展整体水平亟待提升；国家支农体系相对薄弱，农村金融改革任务繁重，城乡之间要素合理流动机制亟待健全；农村基层党建存在薄弱环节，乡村治理体系和治理能力亟待强化。”[①]解决“三农”问题，要把“三农”工作摆在重要位置，强化农业基础地位，促进农村一二三产业融

---

①《中共中央国务院关于实施乡村振兴战略的意见》，人民出版社，2018，第2—3页。

合，发展现代农业；要统筹城乡协调发展，形成以工促农、以城带乡的发展局面，破除城乡二元结构；要依靠科技兴农，深化农业科技体制改革，提高农业科技含量；要培育新型农民，提高农民素质，实现农业发展、农民增收、农村建设同步进行。

四、加强生态文明建设以实现绿色发展

（一）习近平新时代生态文明建设思想的形成和内涵

十八大以来，以习近平为核心的党中央领导集体积极总结新中国成立以来历届中央领导集体关于生态文明建设的思想，站在实现“两个一百年”目标的战略高度，创造性地提出了一系列关于深入推进生态文明建设的新理论、新思想、新做法，形成了习近平新时代生态文明建设思想。习近平新时代生态文明建设思想，是对马克思主义生态思想的继承和发展，是中国特色社会主义理论的最新成果，是基于我国现阶段经济发展与环境保护矛盾突出的状况下形成的，对我国的生态文明建设具有重大的指导意义。

2013年5月，习近平总书记在中共中央政治局第六次集体学习时进一步指出：“建设生态文明，关系人民福祉，关乎民族未来。”[1]2015年10月，在十八届五中全会上，习近平总书记将“绿色发展”理念纳入了“五大发展”理念之中，丰富和完善了我国的生态文明建设理论。2017年5月，中共

①习近平：《习近平治国理政》，外文出版社，2014，第208页。

中央政治局第四十一次集体学习会上，习近平总书记站在统筹推进“五位一体”总体布局和协调推进“四个全面”战略布局的高度，深刻论述加快形成绿色发展方式和生活方式的重要性和紧迫性，提出了推动形成绿色发展方式和生活方式的重要任务，指明了生态文明建设的前进方向。2017年10月，在中国共产党第十九次全国代表大会上，习近平总书记指出：“建设生态文明是中华民族永续发展的千年大计。必须树立和践行绿水青山就是金山银山的理念，……坚定走生产发展、生活富裕、生态良好的文明发展道路。”[①]同时作出了关于推进人与自然和谐共生四大任务的部署。这强调了进行生态文明建设的重要性，同时为中国特色社会主义生态文明建设指明了方向。中国特色社会主义生态文明建设理论不断更新，发展到了新的阶段。

习近平新时代生态文明建设思想是一个系统的思想理论体系，包含生态文明建设理念的内涵、生态文明建设的特征、生态文明建设的目标、生态文明建设的实现路径等。生态文明建设理念，是尊重自然、顺应自然、保护自然的生态文明理念，是要努力形成人与自然和谐相处，进行人与自然和谐共生的现代化建设，以满足人民日益增长的美好生活需要的发展理念。生态文明建设的本质特征是需要融入政治、经济、文化、社会建设之中，需要放在发展的突出位置。生态文明建设的总体目标是，使我国“单位国内生产总值能源消耗和二氧化碳排放大幅下降，主要污染物排放总量显著减少。森林覆盖率提高，生态系统稳定性增强，人居环境明显改善”[②]。实现生态文明建设的目标，就要深刻把握绿水青山就是金山银山

①习近平：《决胜全面建成小康社会　夺取新时代中国特色社会主义伟大胜利——在中国共产党第十九次全国代表大会上的报告》，人民出版社，2017，第23—24页。

②《胡锦涛文选》（第三卷），人民出版社，2016，第626—627页。

的发展理念，坚持走生态优先、绿色发展之路；就要坚持创新驱动发展战略，用科技创新带动发展，淘汰落后产能，培育新经济新业态；就要深刻把握山水林田湖草是生命共同体的思想，统筹山水林田湖草系统治理。

（二）生态文明建设的理论和实践意义

一是习近平新时代生态文明建设思想，丰富和发展了我国关于生态文明建设的理论，是中国特色社会主义理论体系的最新成果，为中国走可持续发展之路提供了理论指导。通过加快推进生态文明顶层设计和制度建设，把生态文明建设作为统筹推进“五位一体”总体布局和协调推进“四个全面”战略布局的重要内容，使生态文明建设取得了一系列的成果。

二是有助于解决发展中存在的不平衡不充分问题。随着我国经济社会的快速发展，资源紧缺、环境污染等问题逐渐显现，成为制约我国经济社会可持续发展的瓶颈，不平衡、不协调、不可持续等问题突出。开展生态文明建设，把生态文明建设贯穿到政治、经济、文化、社会建设的各个方面，贯穿到进行中国特色社会主义现代化建设之中，能够为解决不平衡不充分问题提供现实路径。

三是为经济发展提供发展道路。生态文明建设倡导绿色循环低碳的生产方式，这就要求转变经济发展方式，通过淘汰落后产能、优化产业结构、发展节能产业等方式，降低对环境的污染和资源的浪费，通过走生态文明建设之路实现不断发展。

四是生态文明建设有助于满足人民日益增长的生活需要。随着我国经济社会的不断发展，人民的生活水平和生活质量得到了极大提高，人民在对物质生活不断产生新需要的同时也对生活环境有了更多需求。提供更加良好的生活环境是实现人民幸福的重要方面，过去的发展对环境造成了一定的污染和破坏，新时代通过发展清洁产业、清洁能源、治理环境污染等一系列措施，加大生态文明建设的力度，给人民创造更加良好的生活环境，增加人民幸福感。

（三）生态文明建设思想的关键在于绿色发展

进行生态文明建设要坚持绿色发展、循环发展、低碳发展，关键在于坚持绿色发展。实施绿色发展，通过经济发展与环境保护结合的方式，能够有效地解决生态与发展问题，实现经济发展与环境保护深度融合。十九大报告指出，要把坚持人与自然和谐共生作为新时代坚持和发展中国特色社会主义的基本方略，形成人与自然和谐发展的现代化建设新格局。要实现人与自然和谐发展的目标，就要转变发展方式，实现由传统发展模式向绿色发展模式转变。目前，我国进入了中国特色社会主义新时代，我国社会的主要矛盾发生了变化，由人民日益增长的物质文化需要同落后的社会生产之间的矛盾转变为人民日益增长的美好生活需要和不平衡不充分的发展之间的矛盾。矛盾发生了变化，更加强调发展要与人民需求相呼应，以适应新形势的需要。新时代中国特色社会主义绿色发展，是在可持续发展理念基础上形成的新的发展战略。绿色发展以人与自然和谐共生为基本价值取向，以可持续发展为基本理念，通过发展绿色产业，运用绿色、可持续发展模式实现经济发展与环境保护相协调。

实施绿色发展，要处理好节约资源与保护环境的关系。节约资源和保护环境是我国的两大基本国策，坚持这两大基本国策，关系人民群众切身利益和中华民族生存发展。因此，必须把建设资源节约型、环境友好型社会放在工业化、现代化发展战略的突出位置。新型资源环境观是一个与资源环境密切相关的观念群，主要包括系统观（把人与自然看成是一个大系统）、稀缺观（许多资源是相对稀缺的）、平衡观（人、资源、生态等要素组成的系统要处于平衡状态）、价值观（自然资源不仅具有使用价值和价值，而且还要有价格）、整体观（对资源环境的保护，必须从整体的层面进行考虑）、有形资源与无形资源有机统一观、节约观、消费观等。新型资源环境观特别强调处理好环境保护与经济增长的关系以实现双赢。二者的关系，主要是指良好的环境和充足的资源是经济增长的基础和条件，经济增长不足或不当是造成资源环境问题的重要原因，发展经济要有可持续性，环境问题是由发展带来的也唯有通过发展才能得以解决，资源环境也是人民的利益所在。树立新型资源环境观，必须辩证处理资源与环境、当前与长远、质量与数量等三对关系。资源与环境本是同根生，常常表现为一体两面，但往往是资源的开发导致了环境的恶化。资源总是有限的，无节制地利用资源必然导致资源短缺甚至消失；环境容量也是有限度的，破坏环境必然导致环境的不断恶化直至人类生存条件的丧失。资源与环境也有优劣之分，社会经济可持续发展不仅要求资源与环境在数量上得到保证，同时必须在质量上有所保证。

实施绿色发展，要处理好经济发展与环境保护的关系。习近平总书记在关于生态文明建设方面明确指出："推动形成绿色发展方式和生活方式，这就要坚持和贯彻新发展理念，正确处理经济发展和生态环境保护的关系。"[①]经济发展与生态环境保护并不是互相对立的，是可以协调发展，统筹于社会主义现代化建设之中的。正如习近平总书记指出："我们既要绿水

①《习近平关于社会主义生态文明建设论述摘编》，中央文献出版社，2017，第36页。

青山，也要金山银山。宁要绿水青山，不要金山银山，而且绿水青山就是金山银山。”[①]“绿水青山”与“金山银山”指的是经济发展与环境保护。保护环境，其实就是保护生产力；改善环境，就是发展生产力。从2013年起，中国以前所未有的力度开始治理环境污染，如今已取得了显著的成绩。根据2018年《政府工作报告》，“五年来，生态环境状况逐步好转。制定实施大气、水、土壤污染防治三个‘十条’并取得扎实成效。单位国内生产总值能耗、水耗均下降20%以上，主要污染物排放量持续下降，重点城市重污染天数减少一半，森林面积增加1.63亿亩，沙化土地面积年均缩减近2000平方公里，绿色发展呈现可喜局面”[②]。新时代，党和政府领导人民走出了一条经济发展与环境保护相协调、人与自然和谐共生的绿色发展之路。

五、强化政府执行力建设

（一）政府执行力内涵与加强建设的必要性

党的十九大报告指出：“要深化机构和行政体制改革。转变政府职能，深化简政放权，创新监管方式，增强政府公信力和执行力，建设人民满意的服务型政府。”[③]在新时期下，新的发展形势和发展要求决定了政

①《习近平关于社会主义生态文明建设论述摘编》，中央文献出版社，2017，第21页。

②《政府工作报告：2018年3月5日第十三届全国人民代表大会第一次会议上》，人民出版社，2018，第4页。

③习近平：《决胜全面建成小康社会　夺取新时代中国特色社会主义伟大胜利——在中国共产党第十九次全国代表大会上的报告》，人民出版社，2017，第39页。

府必须不断加强执行力建设，与时俱进，开拓创新，不断改进和完善执政方式，提高执政水平，以完成实现中华民族伟大复兴和“两个一百年”奋斗目标。

时任总理温家宝在2007年的《政府工作报告》中首次提到了“政府执行力”这一概念。政府执行力是政府职能部门及其工作人员贯彻实施上级路线方针政策和工作部署的应用能力和实践水平。过去，人们都认为有制度肯定比没有制度要好。后来，人们又认识到制度不好与没有制度实际效果几近等同。如今，人们进一步认识到即便制度再好，但如果根本不落实，那其实比没有制度更糟糕。有不少部门不少人喜欢坐而论道，夸夸其谈。会上台前讲得有理有据，像模像样，实则是“大会小会搞贯彻，认认真真走过场”，“讲得慷慨激昂，理直气壮；回去一如既往，并无两样”。这是最不可取的，也是最可怕的。正如有识之士所讲，我们现在缺的不是规章制度，而是如何认真去贯彻执行这些规章制度。执行不到位，执行大打折扣，甚至根本不执行，便是典型的“语言的巨人，行动的侏儒”。政府执行力，关系到国家发展的成效，也关系到政府的公信力，提高政府执行力是提高政府效率的必然选择。政府执行力不高，将会直接损害政府和国家的公信力，降低或丧失人民的信任，而公信力一旦丧失，不仅会导致政府工作难以继续开展，还会引发一系列的社会问题。

我国现在正处于发展的加速期和关键期，加强政府执行力建设是建设服务型政府的必然要求，建设服务型政府是党和国家的根本要求。政府具有提供公共服务的职能，执行力的高低影响着公共服务的质量，要保证政府的执行力持续高效，就要保证不断加强组织建设、作风建设、科学执政、以人民为中心。

（二）要树立“以人民为中心”的理念

本着“以人民为中心”“构建起职责明确、依法行政的政府治理体系，提高政府执行力，加快建设人民满意的服务型政府”[①]的理念，党的十九届三中全会审议通过了《深化党和国家机构改革方案》，2018年3月，国务院发布了关于机构设置的通知，对国务院机构进行了全面改革。经过此次改革，国务院正部级机构减少8个，副部级机构减少7个，并组建了7个新的国务院部门，除国务院办公厅外，国务院设置组成部门变为26个。本次改革专门组建了自然资源部和生态环境部，体现了党和政府在新时期对资源节约和环境保护的重视程度，改革将重点放在管理国家重点和关键领域的机构，对其进行了职能优化和调整，提高了政府的执行力。这次改革大大优化了政府部门的资源配置，发挥了顶层设计的制度优势，彰显了以习近平总书记为核心的党中央领导集体的鲜明立场和坚定信心，是建设服务型政府的良好体现。“党长期执政的出发点和落脚点是为人民谋幸福，党和国家机构改革必须顺应人民对美好生活的向往。”“此次改革充分体现了以人民为中心的发展思想和改革导向，充分体现了适应我国社会主要矛盾变化的要求，是顺应时代所需、人民期待的重大举措。”[②]

十九大报告指出：“人民是历史的创造者，是决定党和国家前途命运的根本力量。必须坚持人民主体地位，坚持立党为公、执政为民，践行全心全意为人民服务的根本宗旨，把党的群众路线贯彻到治国理政全部活动之中，把人民对美好生活的向往作为奋斗目标，依靠人民创造历史伟

---

①《国务院机构改革方案》，《人民日报》2018年3月18日。

②《江苏代表热议国务院机构改革方案表决通过——释放改革红利，满足人民期待》，《新华日报》2018年3月18日。

业。”[①]无论怎样加强和改进政府的执行力建设，都要紧紧围绕“以人民为中心”这一出发点，加强和改进政府执行力建设，目的就是更好地为人民服务，满足新时期人民日益增长的生活需要。“以人民为中心”是坚持人民的主体地位的体现，“发展为了人民，发展依靠人民，发展成果由人民共享”，这是党的根本宗旨的体现。

（三）加强行政队伍建设

其一，端正认识是前提。只有务实，只有实践，只有不折不扣地去执行既定的路线方针政策，我们才会取得工作实效，才能达到目的。否则，即便说的比唱的还好听，也无济于事，也没有任何价值和实际意义。执行不执行，说到本质，关系到党员的组织纪律性、党性的纯洁，它解决的是一个“想不想”的问题。

其二，提高能力是核心。想执行固然重要，但更重要的是确实能贯彻执行下去。执行能力，是执政能力的一个最为具体的体现。它要求执行者必须具有一定的学习领会能力、判断决策能力、把握大局能力、宣传鼓动能力、组织领导能力等。只有这样，才能心想事成，否则就是心有余而力不足、力不从心了。可见，它解决的是一个“能不能”的问题。

其三，创新方法是“润滑剂”。能执行是好的，但其中还有一个执行成本问题。以最小的成本，取得最大的效益，才是“最佳执行”。所以，这就要求我们打破固有的传统的执行模式，切忌凡事靠开会来解决，搞行政命令，一刀切，如此简单粗暴，势必导致粗糙低效。因此，要在细微之处下

①习近平：《决胜全面建成小康社会　夺取新时代中国特色社会主义伟大胜利——在中国共产党第十九次全国代表大会上的报告》，人民出版社，2017，第21页。

功夫，注意攻心，注重方式方法，它解决的是一个“会不会”的问题。

其四，明确方向是关键。执行者应是睿智者，而不应是头脑简单者。不能不懂政策，只知执行，由其带领大家去执行，真不敢说会执行到什么方向上去。也不能只知听令，不懂将上级的原则要求与本单位本部门的实际情况有机结合起来，简单地、机械地、教条地执行，变成了“为执行而执行”。以其昏昏，难能使人昭昭。明确方向，它解决的是一个执行得“对不对”的问题。

其五，形成合力是源泉。执行，绝不是部门领导一人的事情。俗话说，一个人浑身是铁，能打几根钉。当今社会，一人可以包打天下的事情是不可能的了。所以，要想顺利地执行，真正取得执行成效，必须注意做“人”的工作，快捷迅速、准确无误地传达贯彻，并善于做细致耐心的解疑释惑、统一认识、化解矛盾、凝聚力量地宣传思想政治教育工作。合力越强大，执行的动作越迅捷；动力越强劲，成效显现越明朗，它解决的是一个执行得“快不快”的问题。

其六，健全机制是保障。执行力建设是一项漫长而艰巨的大工程，必须当作一场重大战役来打，从机构设置、统一协调、监督检查、奖励惩戒等各个重大方面切实加大工作力度，有专人负责、专门机构统管，有严格的监察制度、严明的奖惩制度，建立一整套科学的具体的切实可行的长效机制，它解决的是一个执行得“好不好”的问题。

空谈误国，实干兴邦。新世纪新时代新征程，更需要各级领导高度负责，广大干部群众积极行动，真正做到雷厉风行，狠抓落实，务求实效，以实际行动推进党和国家事业再创辉煌。

结　论

本书以新中国成立以来党和政府制定、实施的国家级发展战略为研究重点，围绕发展理念、战略内容、实践道路、基本要求、重要举措进行深入解析，以期对中国特色社会主义发展战略作出全面评介。中国特色社会主义发展战略的内涵，会随着中国特色社会主义事业的发展不断扩充，新的发展战略又会根据中国发展的实际需要得以适时制定和大力实施。对中国特色社会主义发展战略的研究也要与时俱进，紧密结合国家发展的路线方针政策，及时体现新发展理念。

经过40年的改革开放，中国已经发展成世人瞩目的经济大国，中国人民的生活实现了由贫穷到温饱，再到整体小康的跨越式转变；中国社会实现了由封闭、贫穷、落后到开放、富强、先进的历史巨变；中国经济实现了保持中高速增长、经济结构不断优化、国内生产总值稳步提升的发展局面。特别是党的十八大以来，在以习近平为核心的党中央坚强领导下，我国取得了一系列新成就，中国特色社会主义进入了新时代。这个新时代，是我国综合国力进入世界前列、国际地位实现前所未有提升、中华民族的面貌发生前所未有变化、我国社会主要矛盾发生深刻转化的时代；是在新的历史条件下决胜全面建成小康社会、逐步实现全体人民共同富裕、奋力实现中华民族伟大复兴中国梦、继续夺取中国特色社会主义伟大胜利的时代；是久经磨难的中华民族实现从站起来、富起来到强起来伟大飞跃的时代。

十八大以来，我国的经济增长速度在世界主要国家中保持前列位置，国内生产总值跨上了80万亿元的新台阶，稳居世界第二，对世界经济增长的贡献率超过了30%。科技飞速发展，“天宫”、“蛟龙”、“天眼”、“悟空”、“墨子”、大飞机等科技成果相继问世，制造业正由“中国制造”变为“中国创造”。我国的经济建设取得重大成就、全面深化改革取得重大突破、民主法治建设迈出重大步伐、思想文化建设取得重大进展、人民生活不断改善、生态文明建设成效显著、强军兴军开创新局面、港澳台工作取得新进展、全方位外交布局深入展开、全面从严治党成效卓著。十八大以来的成就是全方位的，党和政府以巨大的政治勇气和强烈的责任担当，解决了许多长期以来想解决而没有解决的难题，办成了许多过去想办而没有办成的大事，实现了中国特色社会主义事业的跨越式发展。

中国特色社会主义现代化建设在各方面取得巨大成就的同时，也面临着许多困难和挑战，主要表现在发展不平衡不充分的一些问题亟待解决。从社会方面看，主要体现在教育、医疗、社会保障等领域。教育领域，在经费投入、教育质量上存在较大差距，农村落后于城市，中西部落后于东部；医疗领域，城乡之间、东西部之间差距较大；社会保障领域，乡村养老保险覆盖率有待提高，城乡差距较大。从发展方面看，我国发展质量和效益不高，创新能力有待提高，实体经济实力需进一步加强。从人与自然的关系看，不同地区在资源开发和环境保护程度上存在差异，生态环境与人民需求不相适应，生态污染与环境破坏成为制约可持续发展的瓶颈。

中国特色社会主义进入新时代，发展面临的机遇与挑战并存，要实现伟大梦想，必须进行伟大斗争、建设伟大工程、推进伟大事业。十九大报告指出，使命呼唤担当，使命引领未来。从全面建设小康社会到基本实现现代化，再到全面建成社会主义现代化强国，是新时代中国特色社会主义发展的战略安排。我们要在中国共产党的坚强领导下，带领全国各族人民，继续“不忘初心，牢记使命”，全面贯彻党的基本理论、基本路线、基本方略，不断推进中国特色社会主义发展战略的贯彻落实，谱写新时代中国特色社会主义发展的新篇章。

参考文献

一、图书

［1］马克思恩格斯全集：第3，21，23，39，42卷［M］．北京：人民出版社，1960，1965，1972，1975，1979.

［2］马克思恩格斯选集：第1–4卷［M］．北京：人民出版社，1995.

［3］马克思主义经典著作选读［M］．北京：人民出版社，1999.

［4］列宁选集：第2卷［M］．北京：人民出版社，1995.

［5］列宁全集：第18卷［M］．北京：人民出版社，1988.

［6］毛泽东选集：第1，3，4，5卷［M］．北京：人民出版社，1991.

［7］毛泽东文集：第3，6，7卷［M］．北京：人民出版社，1993.

［8］建国以来毛泽东文稿：第6，10册［M］．北京：中央文献出版社，1992，1996.

［9］周恩来选集：下卷［M］．北京：人民出版社，1984.

［10］周恩来经济文选［M］．北京：中央文献出版社，1993.

［11］邓小平文选：第2，3卷［M］．北京：人民出版社，1994，1993.

［12］邓小平军事文集：第3卷［M］．北京：军事科学出版社，2004.

［13］江泽民文选：第1–3卷［M］．北京：人民出版社，2006.

［14］胡锦涛．坚持走中国特色自主创新道路，为建设创新型国家而努力奋斗——在全国科学技术大会上的讲话［M］．人民出版社，2006.

［15］胡锦涛．在纪念党的十一届三中全会召开30周年大会上的讲话［M］．人民出版社，2008.

［16］胡锦涛．在庆祝中国共产党成立90周年大会上的讲话［M］．人民出版社，2011.

［17］习近平关于实现中华民族伟大复兴的中国梦论述摘编［M］．北京：中央文献出版社，2013.

［18］习近平谈治国理政［M］．北京：外文出版社，2014.

［19］习近平总书记系列重要讲话读本［M］．北京：学习出版社，人民出版社，2014.

［20］习近平关于社会主义生态文明建设论述摘编［M］北京：中央文献出版社，2017.

［21］习近平．在庆祝全国人民代表大会成立60周年大会上的讲话［M］．人民出版社，2014.

［22］习近平．在庆祝中国共产党成立95周年大会上的讲话［M］．人民出版社，2016.

［23］习近平．在庆祝中国人民解放军建军90周年大会上的讲话［M］．人民出版社，2017.

［24］习近平．在中国科学院第十七次院士大会、中国工程院第十二次院士大会上的讲话［M］．人民出版社，2017.

［25］习近平．决胜全面建成小康社会，夺取新时代中国特色社会主

义伟大胜利——在中国共产党第十九次全国代表大会上的报告［M］. 人民出版社，2017.

［26］建国以来重要文献选编：第9册［M］. 北京：中央文献出版社，1994.

［27］十五大以来重要文献选编：上，中［M］. 北京：中央文献出版社，2000，2001.

［28］十六大以来重要文献选编：上［M］. 北京：中央文献出版社，2005.

［29］十七大以来重要文献选编：上［M］. 北京：中央文献出版社，2009.

［30］十八大以来重要文献选编：上，中［M］. 北京：中央文献出版社，2014，2016.

［31］中华人民共和国法规汇编（1956年7—12月）［M］. 北京：法律出版社，1957.

［32］中国共产党第十七次全国代表大会文件汇编［M］. 北京：人民出版社，2007.

［33］中国共产党第十八次全国代表大会文件汇编［M］. 北京：人民出版社，2012.

［34］在第十三届全国人民代表大会第一次会议上的讲话：第二卷［M］. 北京：人民出版社，2018.

［35］中共中央关于全面推进依法治国若干重大问题的决定［M］. 人民出版社，2014.

［36］中共中央关于全面深化改革若干重大问题的决定［M］. 人民

出版社，2013.

［37］中共中央关于制定国民经济和社会发展第十三个五年规划的建议［M］. 人民出版社，2015.

［38］中共中央文件选编［M］. 北京：中共中央党校出版社，1994.

［39］韩庆祥，亢安毅. 马克思开辟的道路［M］. 北京：人民出版社，2005.

［40］毕京京，张彬. 研究［M］. 北京：国防大学出版社，2015.

［41］陆德生，等. 依法治国方略［M］. 南昌：江西人民出版社，2001.

［42］刘应杰. 中国的发展战略和基本国策读本［M］. 北京：中共中央党校出版社，2008.

［43］田克勤. 毛泽东思想和中国特色社会主义理论体系概论［M］. 北京：高等教育出版社，2008.

［44］席巧娟. 科教兴国战略［M］. 北京：科学技术出版社，2002.

［45］许先春，林振义. 江泽民科技思想研究［M］. 杭州：浙江科学技术出版社，2002.

［46］赵常伟. 新科技革命与当代中国的科教兴国战略［M］. 北京：中国社会科学出版社，2005.

［47］赵玉林. 科教兴国论［M］. 武汉：湖北教育出版社，1998.

［48］张树军，史言. 红色决策［M］. 长沙：湖南人民出版社，2006.

［49］黄楠森. 马克思主义哲学史［M］. 北京：高等教育出版社，1998.

二、报纸

［1］中共中央关于完善社会主义市场经济体制若干问题的决定［N］.人民日报，2003-10-22.

［2］中央城镇化工作会议在北京举行［N］. 人民日报，2013-12-15.

［3］中共中央国务院中央军委印发《关于经济建设和国防建设融合发展的意见》［N］. 解放军报，2016-07-22.

［4］中共中央政治局召开会议审议“健康中国2030”规划纲要［N］.人民日报，2016-08-27.

［5］中共中央国务院关于实施乡村振兴战略的意见（2018年1月2日）［N］. 人民日报，2018-02-05.

［6］国务院印发《“十三五”市场监管规划》［N］. 人民日报，2017-01-24.

［7］国务院机构改革方案［N］. 人民日报，2018-03-18.

［8］贯彻五大发展理念，实现百年奋斗目标［N］. 人民日报，2015-10-30.

［9］继续扩大开放，实现合作共赢［N］. 经济日报，2018-08-23.

［10］胡锦涛. 高举中国特色社会主义伟大旗帜，为夺取全面建设小康社会新胜利而奋斗［N］. 人民日报，2007-10-24.

［11］习近平出席“共商共筑人类命运共同体”高级别会议发表主旨演讲［N］. 人民日报，2017-01-20.

［12］习近平. 在欧美同学会成立100周年庆祝大会上的讲话［N］. 人民日报，2013-10-22.

［13］习近平．实现实实在在没有水分的增长［N］．人民日报，2014-07-07.

［14］习近平在省部级主要领导干部学习贯彻十八届四中全会精神，全面推进依法治国专题研讨班开班式上发表重要讲话强调：领导干部要做尊法学法守法用法的模范，带动全党全国共同全面推进依法治国［N］．人民日报，2015-02-03.

［15］习近平主持召开中央全面深化改革领导小组第十六次会议强调坚持以扩大开放促进深化改革，坚定不移提高开放型经济水平［N］．人民日报，2015-09-16.

［16］习近平对深入推进新型城镇化建设作出重要指示强调：坚持以创新、协调、绿色、开放、共享的发展理念为引领促进中国特色新型城镇化持续健康发展［N］．人民日报，2016-2-24.

［17］习近平在全国卫生与健康大会上强调：把人民健康放在优先发展战略地位，努力全方位全周期保障人民健康［N］．人民日报，2016-08-21.

［18］习近平在中国政法大学考察时强调：立德树人德法兼修抓好法治人才培养，励志勤学刻苦磨炼促进青年成长进步［N］．人民日报，2017-05-04.

［19］习近平主持召开中央军民融合发展委员会第一次全体会议强调：加强集中统一领导加快形成全要素，多领域高效益的军民融合深度发展格局［N］．人民日报，2017-06-21.

［20］习近平主持召开十九届中央军民融合发展委员会第一次全体会议强调：真抓实干坚定实施军民融合发展战略，开创新时代军民融合深度发展新局面［N］．人民日报，2018-03-03.

［21］李克强．政府工作报告：二〇一八年三月五日在第十三届全国

人民代表大会第一次会议上［N］. 人民日报，2018-03-23.

［22］李斌. 实施健康中国战略［N］. 人民日报，2018-01-12.

［23］李育书. 为什么要坚持社会主义初级阶段理论不动摇［N］. 学习时报，2018-07-04.

［24］刘志彪. 把握现代化经济体系的内涵和重点［N］. 人民日报，2018-06-24.

［25］王晓映，王拓，林元沁，任松筠. 江苏代表热议国务院机构改革方案表决通过——释放改革红利，满足人民期待［N］. 新华日报，2018-03-18.

［26］魏哲哲. 绘就全面依法治国的斑斓画卷——党的十八大以来我国全面推进依法治国新成就总述［N］. 人民日报，2018-09-07.

［27］肖捷. 深入推进简政放权［N］. 人民日报，2018-04-23.

［28］叶晓楠，郭超凯. 实施科教兴国战略，走科技强国之路［N］. 人民日报（海外版），2017-11-28.

三、期刊

［1］习近平. 在党的群众路线教育实践活动第一批总结暨第二批部署会议上的讲话——在中国共产党第十九次全国代表大会上的报告［J］. 党建研究，2014（2）.

［2］曹萍，龚勤林. 论中国特色城镇化道路及其推进机制［J］. 四川大学学报，2016（6）.

［3］谷亚光，谷牧青. 论“五大发展理念”的思想创新、理论内涵与贯彻重点［J］. 经济问题，2006（3）.

［4］黄群慧．改革开放40年经济高速增长的成就与转向高质量发展的战略举措［J］．经济论坛，2018（7）．

［5］胡钰．增强创新驱动发展新动力［J］．中国软科学，2013（11）．

［6］蒋和平．实施乡村振兴战略及可借鉴发展模式［J］．农业经济与管理，2017（6）．

［7］金桥．深入学习习近平军民融合深度发展战略思想［J］．国防，2017（9）．

［8］刘影．进一步提高简政放权"含金量"［J］．人民论坛，2018（2）．

［9］曲建武，郑晶晶．论习近平党建思想的科学体系［J］．思想教育研究，2015（7）．

［10］桑滨生．《中医药发展战略规划纲要（2016-2030年）》解读［J］．世界科学技术—中医药现代化，2016（7）．

［11］王亚华，苏毅清．乡村振兴——中国农村发展新战略［J］．中央社会主义学院学报，2017（6）．

［12］王志刚．以改革驱动创新，以创新驱动发展［J］．中国科学院，2018（4）．

［13］习近平．全面贯彻落实党的十八大精神要突出抓好六个方面工作［J］．求是，2013（1）．

［14］杨少垒，蒋永穆．中国特色农业现代化道路的科学内涵［J］．上海行政学院学报，2013（1）．

［15］张文显．全面推进依法治国的伟大纲领——对十八届四中全会精神的认知与解读［J］．法制与社会发展，2015（1）．